U0676209

习性课堂模式
教学案例

曾宇宁◎主编

吉林人民出版社

图书在版编目（CIP）数据

习性课堂模式教学案例/曾宇宁主编. — 长春：
吉林人民出版社，2020.7

ISBN 978-7-206-17311-0

Ⅰ.①习… Ⅱ.①曾… Ⅲ.①阅读课-课堂教学-教
学研究-初中 Ⅳ.①G633.332

中国版本图书馆CIP数据核字（2020）第134599号

责任编辑：李沫薇
助理编辑：王璐瑶
封面设计：姜　龙

习性课堂模式教学案例
XIXING KETANG MOSHI JIAOXUE ANLI

主　　编：曾宇宁

吉林人民出版社出版发行（长春市人民大街7548号　　邮政编码：130022）

印　　刷：北京政采印刷服务有限公司

开　　本：787mm×1092mm　　1/16

印　　张：15.5　　　　　　　字　　数：279千字

标准书号：ISBN 978-7-206-17311-0

版　　次：2022年6月第1版　　印　　次：2022年6月第1次印刷

定　　价：45.00元

如发现印装质量问题，影响阅读，请与出版社联系调换。

编 委 会

主　编：曾宇宁

编　委：陈剑芬　王丽聪　冯　娟　岳　丽

　　　　万芷君　郑梦芝　陈焯文

目录

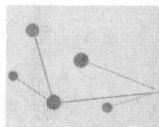

第一章　美术科组教学案例 \ 1

让良好习性与美术相辅相成，绘出美的新篇章

　　——"从不同角度画物体"教学案例 \ 王启麟 ……………… 3

让学生在重复构成中展现美

　　——"重复与渐变"教学案例 \ 叶旭旺 ……………… 7

第二章　数学科组教学案例 \ 11

情境中渗透习慧，活动中感悟模型

　　——"奥运开幕"教学案例 \ 钟秋勤 ……………… 13

习性课堂培养学生数学观察能力

　　——"看日历（一）"教学案例 \ 邹明秋 ……………… 20

巧用点子图，促进学生明晰算理

　　——"两位数乘两位数"教学案例 \ 黄德曦 ……………… 25

让乘法口诀在学生心中自然生根

　　——"数松果"教学案例 \ 刘丽萍 ……………… 32

情境中提出问题，活动中发散思维

　　——"温度"教学案例 \ 万芷君 ……………… 38

探索习性课堂教学，培养逻辑推理思维

　　——"有趣的推理"教学案例 \ 徐伟文 ……………… 43

珍惜时间，助长良好习性

　　——"小明的一天"教学案例 \ 曾颖霖 ……………… 48

探索习性课堂教学，培养学生符号意识

    ——"用字母表示数"教学案例 \ 李晴华 ················· 52

习性助力，推理习慧

    ——"有趣的推理"教学案例 \ 林 翘 ················· 60

习性教学在课堂

    ——"不确定性"教学案例 \ 吴 磊 ················· 67

在游戏中学会推理

    ——"填数游戏"教学案例 \ 叶荟婕 ················· 73

第三章　体育科组教学案例 \ 79

注重学生习体，培养篮球技术

    ——"篮球：单手直线运球"教学案例 \ 张立威 ············ 81

发展学生体育习性，提高立定跳远技术

    ——"立定跳远"教学案例 \ 曹争军 ················· 87

让学生学会三角支撑倒立方法

    ——"肩肘倒立"教学案例 \ 李晓婷 ················· 91

聚焦学生习性，培养学生品质

    ——"立定跳远"教学案例 \ 袁 劲 ················· 95

第四章　音乐科组教学案例 \ 101

营造习性感悟意境，助力学生情感表达

    ——"送别"教学案例 \ 陈 晨 ·················103

感受习艺之美，畅游音乐海洋

    ——"小斑鸠对我说"教学案例 \ 宣倩怡 ··············110

探索习性课堂教学，助力学生终身发展

    ——"牧场上的家"教学案例 \ 周 娟 ···············115

第五章　英语科组教学案例 \ 119

英语绘本"绘出"课堂精彩

　　——"Guess! What are these?"教学案例 \ 陈灵灵 ……………121

激趣外语课堂，落实习性培养

　　——"Where is my fish?"教学案例 \ 王淳淳 ……………126

习性教育与英语课堂颜色的句型词汇教学相结合

　　——"In the park"教学案例 \ 钟文文 ……………133

在习性教育中觅得知识，在知识中享受习性教育

　　——"Air"跨学科探究实践教学案例 \ 廖泽娜 ……………139

让习性在英语课堂中开花

　　——"My friends"第二课时教学案例 \ 郑梦芝 ……………143

第六章　语文科组教学案例 \ 151

培养良好习性，提升语文综合素养

　　——"慢性子裁缝和急性子顾客"教学案例 \ 林洁清………153

在吟诵中感受传统文化

　　——"元日"教学案例 \ 岑诗敏 ……………159

"急性子顾客和慢性子裁缝"

　　——第二课时教学案例 \ 张　娜 ……………163

让良好习性与有效学习相辅相成，奏出美妙音符

　　——"狼牙山五壮士"教学案例 \ 陈剑芬……………173

以画带文感知人物

　　——"为《城南旧事》设计人物书签"教学案例 \ 程　月 ……179

学会合作学习，品味有趣的故事

　　——"漏"教学案例 \ 钱　程 ……………187

我吟我诗，我唱我歌

　　——"牧童"教学案例 \ 吴小婷 ……………………192

在小说中游牧

　　——"将军胡同"教学案例 \ 俞芳芳 ……………………199

探索习性课堂教学，助力学生终身发展

　　——"七律·长征"教学案例 \ 岳 丽 ……………………206

展开想象的翅膀

　　——"小猪变形记"教学案例 \ 张琰哲 ……………………217

抓住特点，学会观察

　　——"搭船的鸟"教学案例 \ 张玉明 ……………………224

第七章　综合科组教学案例 \ 229

探索习性课堂教学，提高科学核心素养

　　——"下沉的物体会受到水的浮力吗"教学案例 \ 赖林生 ……231

内涵决定外延，内在习性决定学生持续成长

　　——"编辑景点的图文资料"教学案例 \ 杨 帆 ………………235

第一章

1

美术科组教学案例

让良好习性与美术相辅相成，绘出美的新篇章

——"从不同角度画物体"教学案例

中山小学美术科组　王启麟

【背景分析】

这节课是基于我校"习性课堂模式构建"课题研究背景下的一次探索，习性课堂模式由三个板块组成：习性准备、习性助学、多维习得。课堂聚焦培养学生良好的学习习性，让学生掌握有效的学习方法，让良好的学习习性助力有效学习，有效提升课堂效率。

"从不同角度画物体"这节课主要是让学生明白，原来世间万物都有不同的特点，从不同的角度出发，我们所看到的会不一样，当我们考虑一个问题时应该从多个角度去思考和观察，这样才能客观地面对每一件事物，把握物体的准确形体。

基于课题研究背景及本课的特点，我在教学设计时将以下两点作为教学目标：①掌握物体的三视图；②学会观察每个物体角度不同的变化。其中，将"学会观察每个物体角度不同的变化"作为本节课的习性目标，意在引导学生掌握"多方位思考"的学习方法，从而形成良好的美术捕形能力及审美能力。

【教学过程】

（一）习性准备：齐声朗读美术习性歌

端正坐好，秩序井然，精神饱满，整齐诵读《红黄蓝》。

红橙黄绿青蓝紫，马克笔来绘彩色。

书本画本要备好，美术学具不可少。

还要带上勾线笔，学习准备我最行。

设计意图：习性准备意在调动学生情绪、兴趣、注意力等方面的非智力因素。通过激情诵读《红黄蓝》，让学生情绪逐渐高涨，激起求知欲，激发学习兴趣，为接下来的学习打下情感基础。

（二）习性助学：直观形象几何图形

师：老师今天请来了几个好朋友一起上美术课，他们分别是正方体、球体、圆柱体、圆锥体、长方体……

（1）那么从你现在观看的角度观察，它是什么形状？

（2）如果我们从其他角度去观察，它又是什么形状呢？

（3）为什么同一个物体，我们会看到不一样的形状呢？

（导入课题，并板书。）

1. 初步探究——引出课题"从不同角度画物体"

（1）观察大比拼。

（2）了解物体的三视图。

（3）分别理解主视图、左视图、俯视图的含义。

（4）发现物体角度变化后的透视现象。

设计意图：通过观察，体会从不同角度观察的感受，比较三视图的角度变化和物体变形后的透视现象。

2. 深入探究

（1）对比几组几何图形，通过观察，找到它们的三视图图形变化，加深理解。

（2）观察较为特殊和复杂的三视图，用逆向思维去判断物体的原始形态。

（3）看课本图片，对比自己带来的小物品，说说它们都是由什么几何体组成的，跟着老师一起学会用分解的眼光去看待物体。

设计意图：加深对不同角度的理解，以及学会把复杂的物体简单化，用分解的眼光看物体，从具体形象思维过渡到空间抽象思维，得以助学。

（三）多维习得

1. 考考你

（分出题中的三视图。）

2. 课堂小结

通过本节课的学习，我们总结出（除特殊形体）不同角度看到的东西是不一样的。角度分为主视、左视、俯视、半侧面、背面。

设计意图：通过小结，总结出本节课我们所观察到的内容，学会发现美、感受美，学会从不同的角度去分析一件事物，养成良好习性。

3. 课堂习作（教师示范）

（1）摆好自己带来的物品，认真观察分析，并开始作画。

（2）用勾线笔描绘，注意边缘、形体、透视。

（3）注意作画卫生、用笔安全。

（4）保持桌面整洁干净。

设计意图：习性培养应贯穿整个课堂，用笔安全、桌面整洁也是养成良好习性的重要环节。

4. 展示与评价

（1）学生自评，评价其他优秀作品。

（2）教师评价。引导学生从角度、透视和创新性方面进行评价。评选最佳作品。

设计意图：从不同角度发现美，养成学生的多元审美，同时再次强调创新的重要性，促成学生创新精神的形成。

5. 总结拓展

通过这节课，我们了解了：

（1）从不同角度观察到的同一物体的形状是完全不同的。

（2）从任何一个角度观察一个六面体，一次最多只能观察到3个面。

（3）与同学分享你最喜爱的物品，说说你和它的故事。

设计意图：我希望这节课能让学生们学会欣赏美、发现美，尝试着从不同的观察角度、思考角度去考虑一个或一件事物，得到更多的人生总结。

【板书设计】

从不同角度画物体

三视图：

主视图——

左视图——

俯视图——

观察角度：

正面——

侧面——

半侧面——

背面——

【问题与反思】

本节课主要是为了帮助学生们逐步掌握捕捉形体的方法，形成良好的观察绘画习惯，达成学科教学目标，是习性课堂研究的一次有效探索，当然，也存在一些问题。例如，一节课中要形成什么样的学习习性？习性教育该如何与本学科教育完美渗透融合？这些问题都与不断地实践和对习性教育的理解的不断深入探究有关，未来我会使教学思路更加清晰，让学生有所学、学有所得。本节课存在的主要问题是教学过程中，由于本节教学内容的原因，容易把美术课上成一节形体课，如何把物体的形体转变成美术课的教育语言，是我需要反思总结的。希望学生在课堂上不仅能学到知识，还能延伸拓展到对人生的思考，对本我的思考。

让学生乐于学习、懂得学习、有良好学习习惯，是习性课堂的追求，相信通过不断实践、不断总结反思，习性课堂的模式会更好。

让学生在重复构成中展现美

——"重复与渐变"教学案例

中山小学美术科组　叶旭旺

【背景分析】

这是五年级学生的第一节平面设计课，本课的宗旨就是通过平面设计中最简单的"重复"设计，激发学生学习设计的兴趣，使学生能将设计知识简单应用于生活。要想把复杂的设计知识清晰地传授给学生，必须以大量的实物或图片激发学生探索的兴趣。本节课课前，除了请学生们准备一些必备的工具外，我还请学生们寻找生活中重复的实物，上网搜索有关的资料，有条件的学生自己制作美术课件，并和同学分享。通过这种分享，让学生主动感受设计涉及我们生活中的方方面面，从而产生主动学习的愿望。然后通过对一些优秀的"重复"设计作品的观察比较出重复设计的构成原理和构成形式。最后展开作业，将重复设计应用在手提袋或者彩色卡纸上。作业形式倡导多样，可以用绘画、剪贴等方式，百花齐放，提高学生们的设计能力。

【教学过程】

（一）习性准备

（1）学生朗读美术习性歌：

赤橙黄绿青蓝紫，水彩笔来绘彩色。

书本画本要带好，美术学具不可少。

还要带上记号笔，材料准备我最行。

（2）检查坐姿姿势、书本摆放。

（3）师生问好。

（4）图片导入：展示一组具有重复特征的图片，引出课题。

（5）揭示课题：重复与渐变。

设计意图：通过图片导入，提高学生的注意力，培养学生善于发现的习惯。学生欣赏有规律的图片，教师引导归纳本课的要点。

（二）习性助学

1. 初步探究

解释重复定义。

师：重复是指大小、形状、颜色相同的图案反复排列，给我们带来一种整齐统一的感觉。

大胆猜想。

师：根据绘画经验，同学们认为是怎样完成一幅重复构成的？

设计意图：培养学生善于思考的精神。

2. 深入探究——基本要素

（1）基本形

师：请同学们来观察这一幅重复构成，看看这里面有多少个图案？

生：4个、5个、7个、1个、1个、1个……

师：通过观察我们可以发现，这里面只有一个图案，而且是重复构成中的一个基本要素，叫作基本形。

设计意图：通过观察图片，让学生发现其中的规律，指出基本形。

师：我们可以通过一个基本形创作出多个不同的重复构成，这是怎么做到的呢？

生：通过不同的排列方式。

（2）排列方式

①通过引导，让学生揭示图片中的排列方式

师：请同学们告诉老师，这幅作品是什么样的排列方式？（加以引导。）

生：平移。

师：那这一幅作品呢？

生：颜色交替、平移。

师：这一幅呢？

生：旋转、交替、平移。

②摆一摆：体验重复的构成方法

师：同学们都能说出各种的排列方式，那到底同学们掌握了没有呢？让我们来检验一下，请3名同学上台，分别摆出3种基本形的排列方式（9格）。

学生上讲台进行展示。

设计意图：让学生通过动手排列，理解重复的特点。培养学生细心观察的良好习惯。

师：有什么办法能让我们画的基本形每个都对齐，而且大小相差较小呢？

生：方格。

师：回答得非常好，重复构成中的这种方格叫作骨格。

（3）骨格

PPT展示多种骨格图片。

3. 教师示范

师：请同学们认真观看视频示范，注意创作的步骤。

设计意图：通过视频示范，为学生解决学习难点，提高课堂教学的实效性。

（三）多维习得

1. 作业要求

（1）运用重复的形式表现绘画。

（2）图案清晰、美观。

（3）有创意。

师提醒：使用任何绘画工具时，都需要注意安全。

2. 展示与评价

（1）组织学生将做好的作品张贴展示。

（2）结合作业要求进行评价。

说：自己作品的创作思路。

评：谁设计的重复构成最美观大方。

设计意图：为学生提供展示和交流的平台，培养学生的欣赏能力与评述能力。

3. 课后延伸

运用所学到的重复与渐变的构成原理装饰手提袋。

审美性的评价，可以提高课堂教学有效性。学会欣赏美和评价美，也可以提高学生的美术创作水平和美术修养。通过课后延伸，我们在感受重复与渐变美的同时可以在生活中学以致用。

【板书设计】

重复与渐变

基本形

排列方式：平移　交替　旋转

骨格

【课后反思】

本节课的教学内容是"构成"艺术宫单元主题下的"设计·应用"课程。教材列举了多幅"重复与渐变"的作品供学生欣赏，让学生感受重复与渐变独特的装饰美感，同时激发学生的想象力，启发学生设计思维的创造潜力。

本节课为"重复与渐变"的第一课时，以重复构成作为重点进行授课，亮点是让学生到黑板实际操作，这也是帮助学生突破教学难点的一个教学过程。在整节课的教学过程中，我多以引导的形式让学生自己回答问题，体现出学生在课堂中的主体性。而本节课为了节省时间，采用了视频的方式进行示范，提高了课堂效率。

本节课存在的问题：在教学亮点中，过于限制了学生的自由发挥。在讲解过程中，过多的引导使课堂氛围也受到了一定的影响。在视频示范中，只用了一个图案做示范，应该在视频的结尾播放更多的重复构成，这样才能更好地打开学生的设计思维。最后就是在评价方面，时间过于紧张，以至于学生没有很好地表达自己的设计思路。

第二章

2

数学科组教学案例

情境中渗透习慧，活动中感悟模型

——"奥运开幕"教学案例

中山小学数学科组　钟秋勤

【教学目标】

1. 得基

认识钟面，认识分，知道1时=60分，初步体会时、分的实际意义。会正确认、读、写钟面上的时间。

2. 得法

通过大量引导性语句，让学生自己发现规律、掌握方法。

3. 得情

通过引导学生学习，让学生在习性教育的理念下，落实有效学习，使学生在学习的过程中收获知识、体验成功。

【教学重点】

理解时、分的关系，即1时=60分。

1. 难点

读、写钟面上的时间。

2. 教具

实物钟表、PPT。

【教学过程】

（一）习性准备

备齐学习用品，端正坐好，秩序井然，精神饱满，整齐诵读5的乘法口诀歌。

（二）习性助学

活动一：认识钟面

1. 魔术激趣

师：今天，老师邀请了两位好朋友来到我们的数学课堂。（出示人物：米奇和米妮。）

（动画音效：小朋友们好！你们喜欢魔术吗？接下来我要表演一个魔术，大家可看好咯！）

问：变！这是什么？（圆。）

2. 认识12个数

（1）问：再变，多了什么？（数1—12。）现在看起来像什么？（钟面。）

可是跟完整的钟面比起来，感觉还少了点什么。你知道一个完整的钟面上除了数字，还有什么吗？

（2）观察钟面：接下来请你带着自己的想法，拿出学具钟表仔细观察，结束后跟同桌说说你看到了什么？

3. 认识时针、分针、格子

师：通过观察，我们发现完整的钟面上除了数字，还有？

一边请学生说，一边用课件出示学生说的内容。

出示动画1：指针。（又粗又短的时针、又细又长的分针、最细最长的秒针。）

出示动画2：12大格。（每相邻两个数字之间是1大格，12—1直接是1大格，12—2是2大格……钟面上有12大格。）

出示动画3：60小格。（每一个大格里有5小格，2大格里有10小格……钟面上有60小格。）

4. 小结

下图为8：08钟面图（图1）。

图1

有数、有针、有格，钟面就完整了。不过这节课我们先不研究秒针，接下来我们和米奇、米妮一起来认识时、分。（出示板书。）

活动二：认识时、分

1.认识时

（1）时针的变化

接下来是见证奇迹的时刻！

（动画音效：时针时针动起来！）

师：看谁的小眼睛能最快发现时针是怎么动的。

预设1：时针从12走到了1。

预设2：走了1大格。

（2）认时

师这时候追问：时针走这样的1大格是多长时间？（1时。）

（学生可能回答不完整，师引导其回答完整。）

师出示PPT："时针走1大格就是1时"，并追问，走2大格呢？3大格呢？（让学生依次说出几时。）

小结：也就是说，时针从12开始走过几大格就是几时。

2.认识分

（1）分针的变化

看到大家和时针玩得这么开心，米妮也想给大家变个魔术，这一次看谁能最快看出分针是怎么动的。

（动画音效：分针分针动起来！）

生：分针走1小格，时间过了1分钟。

师：走2小格？走1大格？

生：走1大格表示过了5分钟。（追问"为什么？"）

生：一大格里面有5小格，走1小格是1分钟，走5小格就是5分钟。

（2）认分

如果分针从12走到这里？又是多少分？

出示动画1：17分。（分针走3大格是15小格，比3大格多走了2小格是17分。）

出示动画2：37分。（分针走7大格是35小格，比7大格多走了1小格是37分。）

师用PPT动画引导学生继续数完钟面，发现分针走1圈是60分。

3. 认识时、分关系

刚才的魔术中，第一次只动了时针，第二次只动了分针，但真正的钟表上会不会只动一根针呢？（不会！时针、分针是一起动的。）

（1）师拨

师：想不想看时针和分针同时动起来？师拨动时钟，男生和女生分队观察时针和分针的变化。

男、女生比赛：男生只看时针，女生只看分针，看哪一个队能最准确地观察出各自的针是怎么动的。

师：为了方便观察，请男生先看看你们的时针现在指在什么地方？（数字8。）女生看看你们的分针指在什么地方？（数字12。）

预设：拨完后，男生会发现时针走了1大格，女生会发现分针走了1圈。

（2）生拨

师：到底是不是这样的呢？想不想自己动手验证一下？

① 操作引导：我们先把时针拨到8，分针拨到12。（手拨。）

② 生拨：现在请你向上滑动小齿轮，使时针刚好走1大格。

第一，边滑边观察：分针在走1大格时，分针发生了什么变化？

预设：时针走了1大格，分针走了1圈。

第二，边滑边观察：时针在走1圈时，时针发生了什么变化？

第三，小结：时针和分针是同时转动的，时针走1大格，分针走了1圈，也就是60小格。（贴板书。）

（3）动画演示

再次回顾：时针走1大格，分针正好走1圈，进一步巩固时、分的关系。

师：时针走1大格是？（1时。）分针走60小格是？（60分钟。）你有什么新发现？

生：1时=60分（贴板书）。

师：你们可真厉害，发现了时、分之间的关系。

活动四：读、写时间

师：拨完了钟面，米奇、米妮拿到一张游乐园项目时间表，一起来看看有什么节目。这么多好玩的项目，可是他们却高兴不起来，因为他们不会认上面的时间，小朋友你们能帮帮忙吗？

（生跃跃欲试。）看你们这么热心，老师已经把4个钟面变到你们的学习单上了，请你拿出学习单，动笔填填看。

1. 9时和9时30分（图2）

师：这两个时间大部分同学都写对了，谁来说一说，你是怎么读时间的？

9时　　　　　　　　　　　　　　9时30分

9：00　　　　　　　　　　　　　9：30

图2

2. 9时08分（图3）

展示两种不同答案，你觉得哪一个是正确的？请学生说出自己的想法。

生：我觉得是9时05分，因为分针指着1，就是过了5小格。

师：你同意吗？你为什么不同意？你来说说。

生：我觉得是9时08分，因为时针指着9，分针过了8小格，所以是9时8分。

师：你带大家数一数是不是8小格。

学生带大家一起数，PPT跟着出示动画。

9时08分

9：08

图3

师：在表示时刻时，分要用两位数表示。遇到这种分不满10的情况，要在前面加1个0，所以现在是9时08分。

3. 9时45分（图4）

（1）争论两种答案

师：9时45分和10时45分，你同意哪一个？

师：同意10时45分的同学来说说你的想法。

生：时针指着10，分针指着9，就是10时45分。

师：同意9时45分的来说说你的想法。

生：时针并没有完全指着10，所以是9时，分针指着9，就是9时45分。

（2）拨钟面

师：为了让米奇、米妮看得更清楚，我们把游乐项目时间表上的4个时刻拨给他们看一看。

师和生一起拨：从9时—9时08分—9时30分—9时45分

师：现在是几时几分？观察一下时针在哪里？

如果是10时45分，时针应该在哪个位置？离谁比较近？（离11比较近。）带大家转一转10时45分。

9时45分

9：45

图4

4. 小结

要想知道是几时几分，关键是要看时针和分针的位置。时针走过了数字几，才能说是几时多；分针从12开始，走过几小格就是几分。

活动五：翻翻翻

师：在同学们的帮助下，米奇、米妮学会了认时间，在游乐园玩得很开心。为了感谢大家，他们准备了一个好玩的游戏"翻翻翻"。

预设：如果翻到的米奇牌后面藏了一个钟面，请生读出钟面上的时间。

如果翻到的米奇牌后面藏了一个时刻，请生拨出对应的时刻。

（三）多维习得

1. 回顾小结

师：这节课你有什么收获？

设想一：

生：我知道了钟面上有格、有针、有数。

师：你能说说有多少个数，多少格吗？

设想二：

生：我学会了如何看时间。

师：你能说说怎么读、写时间吗？

2. 时分歌

生拍手读儿歌。

习性课堂培养学生数学观察能力

——"看日历（一）"教学案例

中山小学数学科组　邹明秋

【背景分析】

在"习性课堂模式构建"课题研究的背景下，在中山小学青年教师习性课堂竞赛活动中，我采用习性课堂模式，从"习性准备、习性助学、多维习得"三个板块入手，进行"看日历（一）"一课的教学设计。年、月、日这几个时间单位对于学生来讲是比较抽象的，他们理解这些较大的时间单位是有一定困难的。受年龄的影响，他们只能理解和掌握那些与他们的实际生活最接近的时间单位，如时、分等。随着年龄的增长，学生才能逐步理解离他们生活较远的较大的时间单位，如年、月等。学生已经在三年级上学期学习了时、分、秒，并在实际生活中积累了年、月、日方面的感性经验，有关年、月、日方面的知识，也越来越多地出现在他们的生活和学习内容中，让他们有了形成较长时间观念的基础。

基于"六习"研究背景及本课的特点，我在进行教学设计时将以下两点作为教学目标：

（1）使学生认识时间单位年、月、日，知道大月、小月、平年和闰年等方面的知识。

（2）培养学生的观察能力、概括能力及运用知识解决实际问题的能力。

【教学重难点】

重点：认识年、月、日，并知道大月、小月、平年和闰年的有关知识。

难点：分清大月与小月，对平年与闰年的判断。

【教学过程】

（一）习性准备

（1）物品准备：课本、学习单。

（2）情绪准备：学生以良好的精神面貌迎接新课。

（3）猜谜导入：

师：同学们喜欢猜谜语吗？老师给大家带来一个谜语：

（通过猜谜语引入"日历卡"。）

有个宝贝真稀奇，身穿三百多件衣。

每天都要脱一件，等到年底剩张皮。

（谜底：日历。）

师：恭喜你猜对了，我给大家带来日历的其中一张。通过日历，你能知道些什么呢？（PPT展示一张日历。）

生：可以知道哪一年、几月几日。

生：还可以知道星期几。

师：今天我们就借助年历来学习时间单位中的"年、月、日"。（板书课题：年、月、日。）

设计意图：习性准备旨在调动学生的学习兴趣、情绪、注意力等方面的非智力因素。通过猜谜语，引起学生对日历的兴趣，为后续的学习打好基础。

（二）习性助学

1. 活动一：年、月、日的初探究

师：请大家观察课本P101—104的附页1，同桌合作将2013—2016年各月份天数记录在表1中，一个人看，一个人记。（指令要清晰。）

师：从表格中你观察到了什么？以同桌为单位，进行讨论。

（学生小组讨论，教师巡视。）

师：谁愿意来说一说？

（学生上台交流，其他学生保持良好倾听习性。）

2. 活动二：年、月、日的初认识

师：哪几个月是31天？哪几个月是30天呢？

生：1、3、5、7、8、10、12月有31天。

生：4、6、9、11月有30天。

师：我们把有31天的月份叫作大月，一年中有几个大月？

生：7个大月。

师：请猜一猜，有30天的月份叫什么？

生：小月！

师：谁能告诉我一年中有几个小月呢？

生：4个小月。

师：关于月和日的认识就结束了，可以吗？

生：不行！老师我还发现2月有时是28天，有时是29天。

生：它的天数和别的月份的都不一样。

师：你们观察得真仔细，2月是一个特殊的月份，所以它既不是大月，也不是小月。

师：2月是28天时，那年是平年，有365天；2月是29天时，那年是闰年，有366天。（板书。）

师：那一年有几个月呢？

生：我算了算，每年都有12个月。

生：7个大月+4个小月+1个特殊的2月，所以1年有12个月。

师：是吗？你们数数对吗？有不是12个月的吗？

3. 活动三：年、月、日的再认识

师：1分钟记住各个月份的天数，谁来挑战一下？

师：你是怎么记的？

生：我是先背大月，再背小月的，2月除外。

生：只要记住7月前面是单月大，8月后面是双月大，2月除外，就可以推算出来了。

师：接下来我向大家推荐一个好方法："拳头记忆法"，请伸出左拳，有凸起部分和凹下去的部分，跟着老师一起来指一指吧。

（1）（凸凹凸凹凸凹凸凸凹凸凹凸。）

（2）凸起部分可以表示天数多的月份，那凹下去的部分可以表示（天数少的月份），咱们一起数数吧。（1月、2月、3月、4月、5月、6月、7月、

8月、9月、10月、11月、12月。）

（3）下面请看电脑演示。凸起的地方是大月，凹下的地方是小月（2月除外）。请你们试着数一数1月大月，2月特殊月，3月大月，4月小月。

（4）提问：我考考你们，3月是（大月）有（31）天，6月是（小月）有（30天），7月？8月？11月？

设计意图：习性助学为全课的核心教学部分。这样的教学设计使得学生在探究合作中学习年、月、日的知识，更好地培养了学生的观察能力、发现问题的能力、自学能力，也进一步通过习性课堂对学生进行了习慧、习志教育。

（三）多维习得

1. 儿歌记忆

师：同学们，今天学了这么多关于年、月、日的知识，还有一首儿歌可以帮助你们记忆月份大小。

出示儿歌（投影）：拍拍手唱一唱。

一三五七八十腊，三十一天永不差，四六九冬三十日。

平年二月二十八，闰年二月把一加。

2. 回顾小结

师：你们的收获可真不少，今天我们来回顾小结一下：

（1）一年有____个月，____个大月，____个小月，大月有____天，小月有____天。

（2）在一年中，大月是____，小月是____，特殊月是____。

（3）一年中连续两个月都是大月的是____月和____月。

（4）2月有28天的年份是____，2月有29天的年份是____。

师：请大家拿出自己带来的日历和记录爸妈生日的小纸条。完成课本P68练一练的第一题。

【**板书设计**】

年、月、日

一年有12个月。

大月（31天）：1、3、5、7、8、10、12。

小月（30天）：4、6、9、11。

特殊月：2月28天（平年）365天。

29天（闰年）366天。

设计意图：多维习得旨在让学生从多方面进一步理解新知、应用新知，是将知识内化的过程。通过总结，引导学生回顾习性课堂，提高学生的概括能力。同时将年、月、日的知识融入生活中的问题，使学生再一次体会到数学与生活的联系，培养学生学数学、用数学的意识。

巧用点子图，促进学生明晰算理

——"两位数乘两位数"教学案例

中山小学数学科组 黄德曦*

【背景分析】

我在我校"习性课堂模式构建"课题的引领下设计出了本节课，在课堂中除了重视知识的有效传授，更重视学生在学习过程中养成良好的学习习惯，使学生成为会学、好学、勤学的学习者。习性课堂模式由三个板块组成：习性准备、习性助学、多维习得。三个板块层层递进，重视学习过程，习性与学习相辅相成，使课堂效率得以提升。

学生已在上节课中通过圈一圈的方法解决了两位数乘两位数的问题，本节课的导入环节"蚂蚁做操"旨在让学生对上节课的内容进行简单的回顾，在已有的知识基础上，探讨计算方法的本质。这节课的教学重点虽然是竖式计算，但拆分却是竖式计算的基石，比较两种方法，让学生理解将其中一个因数拆分为整十数和小于10的自然数是最简便的方法，也是计算两位数乘两位数时最根本的方法。根据教学内容和习性课堂理念及模式要求，我进行了如下教学设计。

【教学过程】

（一）习性准备

1. 情境准备

以"蚂蚁做操"将学生带入情境。

2. 问题准备

采用圈一圈、分一分的方法计算有多少只蚂蚁。

3. 创造准备

你还能用其他方法计算14×12吗?

(二)习性助学

1. 尝试书写14×12的竖式

学生根据以往学习过的两位数乘一位数、三位数乘一位数的竖式计算尝试写出两位数乘两位数的竖式,然后上台分享自己创造的竖式。此环节让学生将新知与旧知进行联系,给予充分的时间让学生自己创作,激发学生的学习兴趣。

2. 明晰算理与计算顺序

让学生结合点子图,理解竖式每一步计算过程所表示的意义。在对话中简化和优化竖式,与学生梳理竖式计算的过程,此环节让学生合作完成竖式,旨在发展学生的合作意识。

3. 横式分步计算与竖式计算的对比

通过比较,让学生体会算法的多样性与共同性。无论哪种算法,乘法的计算都是基于"拆分"。同时通过比较,让学生体会到竖式计算的简便性、简洁性。

(三)多维习得

1. 巩固新知

(1)小蚂蚁做操结束后,可以开心回家了,可是在回家的路上,居然忘记自己家的门牌号了,这可怎么办?还好他们遇见了智慧老人,智慧老人说:"小蚂蚁,你们的门牌号就是下面两个竖式的答案。"请同学们帮助小蚂蚁算出门牌号(图1)。

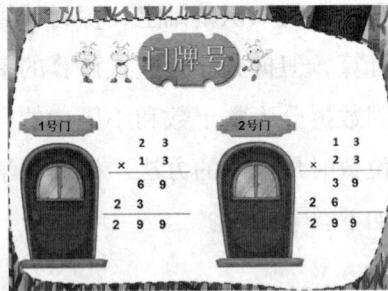

图1

设计意图:通过练习巩固新知,同时渗透乘法竖式的验算方法。

(2)在剧烈运动后,小蚂蚁口渴了,厨房里放着许多水杯,请你算一算有多少只蚂蚁能喝到水(图2)?

设计意图:结合情境与具体问题,运用新知,让学生体会数学与生活的密切联系。

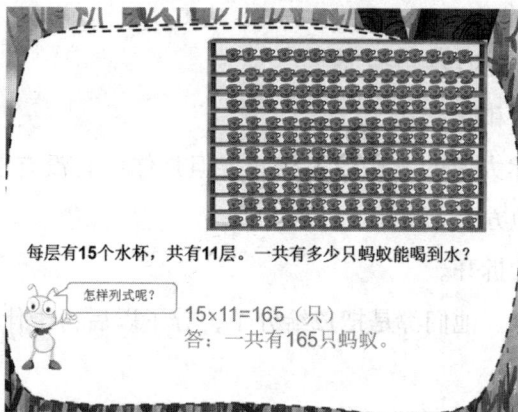

每层有15个水杯，共有11层。一共有多少只蚂蚁能喝到水？

怎样列式呢？

15×11=165（只）
答：一共有165只蚂蚁。

图2

2. 分享收获，拓展延伸

通过分享感受进一步了解乘法竖式验算方法。

【情境描述】

（一）尝试书写14×12的竖式

活动：

（1）圈一圈，你准备把点子图圈成几部分？结合自己圈好的点子图在空白位置列式计算。

（2）请思考：怎样圈在列式计算时会更好算呢？

师：同学们，根据这两个提示，开始圈出你的想法。

师：我找了三位同学上台分享自己的作品，1号小朋友，你给大家说说你是怎么想的？（学生分享。）

师：好的，说得真清楚，老师把他的计算过程抄在了这里。2号小朋友给大家说一说你是怎么想的？（学生分享。）

师：你说出了不同的想法，真好，谢谢你。请3号小朋友分享。（学生分享）

师：很清楚、很有条理，谢谢你，请回到座位上。你们看，刚刚三位小朋友都有不同的方法，但是黄老师却有一个疑问了，我们明明算的是14×12，他们的12都去哪了？1号小朋友的12呢？

师：他的12变成了3个4。2号小朋友的12哪去了呀？

生：变成了2个6。

师：3号小朋友的12哪去了呀？

生：分成了10和2。

师：好，虽然大家的方法各不相同，但是你们有没有发现，这里面其实都有一个共同的地方？

生：都是把12拆开。

师：说得真好。他们都是把12给分了，分了以后再干什么？

生：加起来。

师：也就是我们把它先分再和。你觉得我们为什么要分啊？分有什么好处？

生：可以更简便。

师：对，可以让我们的计算更简便，而且可以把我们今天的新知识转化为我们以前学习过的两位数乘一位数，还有两位数乘整十数。把新知识转化为旧知识去解决问题，是我们数学当中经常会运用到的方法。

师：同学们，我们已经用原来的方法计算14×12了。那今天我们可不可以试着用竖式来计算14×12呢？

生：可以。

师：那今天我们就一起来学习。（贴板书标题。）

师：现在请同学们拿出作业单，在活动二的方框里，试着写出14×12的竖式。

（请学生拿作品上台分享。）

师：同学们，请你观察两位同学的方法，你更赞成哪位同学写的竖式呢？为什么？

师：这种方法缺少了计算过程，如果计算更大的数会很容易出错，也不利于我们后续的检查。我们就一起来学习这位同学的竖式吧。（请学生上台。）

（二）明晰算理与计算顺序

师：我看到你的竖式一共分为了三步，你给同学们说说"28"和"140"表示的是什么意思？

生：14乘2算出的这个28，14乘10算出140。

师：说得真好，他把黄老师想讲的都讲了，好，谢谢你，那小朋友刚刚听了这个小朋友的计算过程，有没有想到他的这个计算过程和我们刚刚的哪一个同学的计算方法好像有联系啊？

师：好，那我把这位同学的方法放到这里来，有同学能到台上给大家说说，这个竖式计算中的每一步和这个方法都有什么联系呢？

生：用14乘以2，可以得出28，14乘以10得出140，再把它们加起来。

师：你的意思是说两种方法，都是将12给拆开，先用2乘以14得出28，再用10×14得出140，最后再把这两部分给加起来。如果我把刚刚用了这个方法的那位同学的点子图放大了，拿出来，你能找出竖式当中的28吗？它在点子图上表示的是哪部分呢？（请学生上台找。）

师：140呢？

师：最后这个168呢？

生：用28+140得出168，它可以表示12个14，表示全部点子。

师：数学特别讲究简洁美，你们再看看黑板上的竖式，思考一下，有没有可以省略的东西？

生：加号。

师：确实，不写加号就更简便了。你提了一个好建议。还有吗？

生：我觉得0可以不写，因为0+8还是等于8。

师：你真善于思考，这里可以不写0，不写0你们能看出这个14表示的是140吗？

生：能，1在百位上，4在十位上。

师：说得真好，在竖式当中数位可是非常重要的，它可以决定数的大小，这里的4是用10×4得出来的，它表示的应该是40，所以要写在十位上，这里的1是用10×10得出来的，这个1写在百位上。

师：同学们，现在这个竖式就是最标准、最简洁的了。

师：现在请你想一想，14×12列竖式到底该怎么算，先用谁乘谁，得出来的积写在什么位上呢？好，有没有同学愿意上来说一说。

师：同学们，先把掌声送给这位同学，但是他待会说的不一定是标准的或者会不够完整，如果你有什么想补充或者纠正他的，你就举手，等他说完，我会再请你来说的。来，请你边指边说，告诉大家是先用谁乘以谁，得出的数写在什么数位上。

生：先用2乘以4得8，写在个位上。再用2乘以10得出20，写在十位上。再用1乘以4得出4，写在十位上，再用1乘以1得1写在百位上，最后把它们加起来等于168。

师：同学们听完他的讲解过程，你有什么想补充的？

生：应该10乘以4得出40。

师：你说的是10是哪里的10？

生：12的10。

师：然后呢？

生：应该是10乘以4等于40，十位上写4。

师：真好，还有吗？

生：10乘以10等于100，百位上写1。

师：老师还有问题，我刚刚可认真听了，我发现你是这样算出28的，你先用2乘以个位上的4得出8，再用2乘以十位上的1，最后得出28，那我在计算时能不能先乘十位，再乘个位？

生：不可以，如果个位有进位，十位就算错了。

师：谁还想说？

师：刚刚发言的几位同学真不错，现在老师想和全班同学重新梳理这个竖式的计算顺序，你们负责说，我来负责写。你们准备好了吗？

在计算14×12时，我们先用2乘以4得8，在个位写8……

师：同桌互相说一说，开始。

（三）横式分步计算与竖式计算的对比

师：同学们，刚开始我们利用点子图，列出横式，计算出14×12的结果，现在我们又学会列竖式，那两种方法，你们更喜欢哪一种呢？

师：竖式，因为更简便、更省事。

【评析反思】

本节课以"探究方法""明晰算理""总结算法""分享收获"为脉络进行。

1. 亮点评析

本课以"蚂蚁做操"趣味十足的情景贯穿全课，使看似简单枯燥的计算课富有童趣。重视学生的探究过程，课堂中，让学生把圈点子图的方法与横式、竖式计算紧密联系，从中凸显两位数乘两位数计算方法的本质"拆分"。课堂脉络清晰，图形结合，从探究方法到明确算理，再到总结算法，在与学生的对话中简化和优化竖式。

2. 反思不足

在学习竖式计算前，学生要从已有的知识——两位数乘整十数和两位数乘一位数出发探究新知，做到自然过渡，但本节课的主要内容应是两位数乘两位数的竖式计算方法，课堂中花费了不少时间让学生联系旧知使得练习的时间较为仓促。应该充分利用本节课的黄金时间讲解本节课的重点，可利用课件的出示简单回顾旧知，缩短学生圈点子图的活动时间，教学内容的顺序可以进行调整，先让有困惑的学生清晰知道竖式计算应该怎么算，再进行优化算法。

让乘法口诀在学生心中自然生根

——"数松果"教学案例

中山小学数学科组　刘丽萍

【背景分析】

"数松果"是北师大版数学二年级上册第五单元第一课时的内容。本节课是在学生已经学习了100以内的加减法、乘法的意义、乘法算式各部分名称的基础上学习的。作为乘法口诀的起始课，也为后继学习的6—9的乘法口诀及其应用做铺垫。在学习本课之前，我班学情如下：

（1）大部分学生对乘法口诀有初步的认识，能背出5的乘法口诀，但在书写上有错误，主要体现在数字、汉字同时出现。

（2）学生会背乘法口诀，但大多属于简单的机械记忆，近一半的学生不理解乘法口诀的含义。

基于以上学情，我将本课的教学目标确定为：

（1）结合"数松果"的具体情境，经历5的乘法口诀的编制过程。

（2）理解5的乘法口诀，会用5的乘法口诀进行计算并解决简单的实际问题。

（3）初步培养迁移类推和按规律识记的能力。

为了在探索乘法口诀的编写方法和规律的过程中，达成对学生的习慧教育，我进行了如下教学设计。

【教学过程】

（一）习性准备

端正坐好，备齐用品，秩序井然，精神饱满，整齐诵读《上课歌》。

（二）习性助学

1. 趣味情境，导入新课

师：听过超级玛丽这个游戏吗？（PPT出示动画。）

师：今天，有一只勇敢的小松鼠也来探险了，他走啊走，遇到了一个问号箱，好奇的小松鼠很想知道里面装了些什么，它该怎么办？（出示动画。）

师：小松鼠看到自己喜欢的松果，可高兴坏了，又跳了一下，问号箱里又掉出了一堆松果。

师：猜猜接下来会发生什么？小松鼠得到了一地松果，想去看看吗？

今天这节课，我们就一起和小松鼠去数松果！（出示课题。）

设计意图：通过"松鼠探险"游戏，对教材中"数松果"的情境进行再创造，使数松果的情境出现得自然而富有趣味。同时用游戏情境激发学生的学习热情和求知欲望。

2. 自主探究，合作交流

（1）数松果的数量

师：小松鼠把松果带回家和妈妈一起分享，他们正在数松果呢！瞧！地上的松果摆成一堆一堆的，我们也赶紧来看看1堆有几个呢？（5个）那2堆就有？（10个）3堆（15个）……45个。

师：你们是怎么数出来的？（5个5个数。）我们和小松鼠一起数出了45个松果，有9堆！

（2）写乘法算式

师：看！这是刚刚的1堆松果吗？1堆有？（动画：5个。）有几个5？（1个5。）

① 前3堆

师：能用乘法算式来表示这1个5吗？（1×5=5或者5×1=5。）

师：（再出1堆松果。）再来1堆是几个几？乘法算式？（2个5，2×5=10。）

师：（再出1堆松果。）又是几个几？乘法算式？（3个5，3×5=15。）

师：假如这些松果一直摆下去，你能写出乘法算式吗？

② 小组合作写算式

小组合作摆松果，边摆边在学习单上写出几个几和乘法算式，师巡视。

（PPT出示活动要求。）

③生汇报

同桌两人一起说：是几个几，乘法算式是……

设计意图： 通过引导学生有序地从"几个5相加"的数学问题联系到"5和几相乘"，并在动手动脑的过程中体会1个5、2个5、……9个5的和的规律，让学生进一步理解乘法的意义，为编制5的乘法口诀做准备。

④寻找规律

师：仔细观察刚刚写的这些算式，你发现了什么？

师：别看只是几个简单的算式，里面可藏着很多规律呢！两个乘数有规律，积也有规律。

（3）编制口诀

①前3句

师：每次都通过数一数、加一加来计算显得有点麻烦，有什么好办法可以快速算出这些乘法算式的得数？（引导生说出编口诀。）

设计意图： 让学生感受乘法口诀出现的简便性和必要性。

师：你们和2000多年前的古代人想到一起去了，他们也想到了编口诀。想不想体验时光穿梭，当一回古人，编一编乘法口诀？

师：我们先来看$1 \times 5=5$，哪位小古人试着编一句？（一五得五。）

师："一"在算式中能找到吗？"五"呢？"得五"又是什么意思？（指着口诀。）

师：那$2 \times 5=10$呢？（二五得十或二五一十。）

师：到底是哪一个？其实通常情况下，只要这个算式的积满了10，我们就不加"得"字，$2 \times 5=10$就直接说二五一十。

师：$3 \times 5=15$能编吗？（生可能说三五一十五或三五十五。）

师：哪一个才是正确的呢？平时数数的时候是说十五还是一十五？

师：所以这句口诀应该是三五十五。看来编口诀的时候我们还得用上以前的学习经验。

设计意图： 通过前三句口诀的编制，让学生感受编制口诀的基本方法，为后几句口诀的编制做准备。

② 后6句

师：其他的算式能自己编了吗？快和同桌一起把剩下的口诀编出来吧！

生独立补充口诀，师巡视，分享时用展台投影几份学生作品。

（师引导学生解决编制中出现的问题，如四五二十、五五二十五、六五三十。）

生出现六五三十这样的写法时，（师引导）为了方便，编口诀时，我们把小的乘数编在前面，大的编在后面，这里应该是五六三十！

设计意图：经历对口诀编制方法的初步探索，放手让学生通过类比的方法编制出其他几句口诀。

（4）发现规律，巧记口诀

① 发现规律

师：我们来把这些口诀读一读。仔细看看这些口诀有什么规律呢？

师：乘法口诀不仅读起来很顺口，里面也有规律。记住口诀对我们计算很有帮助。

② 播放音乐，尝试背诵

师：一起跟着音乐把5的乘法口诀齐声读一读，结合规律记一记。

师：能试着背一背吗？（生背。）

师：这些口诀难背吗？你们觉得不难，有个小女孩却烦恼得不得了，来看看发生了什么？

设计意图：引导学生寻找口诀中的规律，便于口诀的记忆。在音乐中拍手跟读，让学生在轻松愉悦的氛围中记忆口诀，感受乘法口诀读起来的朗朗上口，体验学习的乐趣。

3. 巩固应用，深化提升

（1）帮帮小女孩

播放幼儿背5的乘法口诀的视频。

师：小朋友总卡在三五这里，有什么建议能让她想起三五十五呢？

师：当你也遇到一样的问题时，可以用前一句加5，或用后一句减5。

设计意图：以小女孩背口诀的趣味视频，让学生感受到帮助小女孩解决难题的乐趣，这也是对乘法口诀规律的应用。

（2）发松果（每个松果后面写着9个数字）

师：为了感谢你们帮助小女孩，小松鼠决定分给大家一些松果。松果中还藏着一些秘密哦。（师分别给9位表现好的学生发松果。）

师：看到这个数字，你想到了哪句口诀？这句口诀能用来算哪个算式？

设计意图：经历"数字—口诀—算式"，引导学生在揭秘的过程中运用口诀，在玩中学，在玩中用。该环节也是前面"数字—算式—口诀"的回归与升华。

（三）多维习得

（1）小松鼠把收获的松果分享给了大家，这节课你有什么收获？能分享给大家吗？

（2）时钟上的乘法。

师：现在后面时钟的分针已经走到了1，你想到了哪句口诀？

师：十点零五分，下课时间到了，那今天的这节课就上到这里。

【板书设计】

数 松 果		5的乘法口诀
1×5=5	一五得五	5×1=5
2×5=10	二五一十	5×2=10
3×5=15	三五十五	5×3=15
4×5=20	四五二十	5×4=20
	五五二十五	5×5=25
6×5=30	五六三十	5×6=30
7×5=35	五七三十五	5×7=35
8×5=40	五八四十	5×8=40
9×5=45	五九四十五	5×9=45

设计意图：通过板书呈现出5的乘法口诀中每一句口诀对应的两道乘法算式（图1）。

【问题与反思】

本节课教学趣味十足，亮点纷呈，课堂氛围轻松愉悦，学生在自主探索的过程中以玩促学、以乐启思。课伊始，"松鼠探险"的情境激发学生的求知欲望，学生在"摆—算—编"的过程中逐步探索乘法口诀的编写方法及其中蕴含的规律。纵观全课，主要分为四个层次：第一个层次是写乘法算式，学生在边摆松果边列式的过程中进一步巩固对乘法意义的理解；第二个层次是编写前三句口诀，采用半扶半放的形式，师指导学生编口诀；第三个层次是采用小组合作的形式，两人一组学生自己编口诀；第四个层次是引导学生观察口诀，发现乘法口诀的规律。这样由"扶"到"放"，让学生积极主动参与知识的全过程，初步培养学习能力，积累学习经验，享受成功的喜悦。

当然，也存在一些问题及困惑。例如，列乘法算式和编写口诀同时进行的话会更具整体性，但课堂的整体性该如何与层次感相辅相成？在一开始就放手让学生自主编口诀和在一定的示范引导之后再放手，这两者间又该如何权衡？个人有几点不成熟的思考。

1. 口诀算式相结合，一举两全更添色

乘法口诀应该生长于乘法算式之上，教学中如果把算式和口诀分割开来的话，会影响知识的整体性。如果将算式和口诀的编写相结合，学生更能感受到乘法算式与乘法口诀之间的联系。与此同时，还可以缩短编写口诀所用的时间，将更多的时间留给学生去探索口诀中的规律，既拓宽了学生的思考空间，也留够了思考的时间。结合本课的教学思考之后，我也认识到所谓的层次感并不等同于将知识点"揉碎"，问题的引导可以适当放开步子。

2. 先放再收解疑问，口诀生根自然成

二年级的学生思维完整性尚待完善，完全放手对于理解能力稍弱的学生来说难度较高，因此把握放手与引导之间的度很重要。我认为教师的引导必不可少，但不宜将知识过度碎片化，而应该让学习困难的学生也能通过思考感受到"跳一跳，摘果子"的求知乐趣。立足这样的出发点，我又有了新的想法：可以在编写 $1 \times 5 = 5$ 的乘法口诀时进行示范，引导学生理解口诀各部分的含义。接着，再放手让学生计算、编写剩下的口诀。"先放再收"，学生充分暴露问题后，再逐个聚焦不同类型的问题。这样一来，课堂生成更自然了，学生也能在更为完整的口诀编写过程中深化对口诀意义的理解。

让学生学自己的数学，让数学的学习自然发生。相信不断探索，不断实践，勤于总结反思，习性课堂定能成为孩子们畅想的海洋。

情境中提出问题，活动中发散思维

——"温度"教学案例

中山小学数学科组　万芷君

【教学内容分析】

1. 教学内容

义务教育课程标准实验教科书《数学》（北师大版）四年级上册P87、P88。

2. 教学目标

（1）利用温度的情境了解正负数的表示方法，会正确读写负数。

（2）借助温度的情境感受负数的意义，会比较温度背景下两个负数的大小。

（3）联系具体事例，感受引入负数的必要性，以及数学与日常生活的密切联系。

3. 教学重点

认识钟面，认识时、分关系，认读钟面时刻。

4. 教学难点

比较负数的大小。

【教学过程】

（一）习性准备

学习物品整齐摆放，学生坐姿端正、精神饱满。

（二）习性助学

1. 联系生活，情境导入

师：同学们，这是什么？（出示中国地图。）

生：中国地图。

师：知道深圳在哪吗？（课件出示。）

师：今天深圳的天气怎么样？谁知道深圳今天的气温是多少？

师：这是今天深圳的温度，谁知道是什么意思？（今天深圳的温度是10—17℃。）

（认识温度单位。）

师：我们把今天深圳的天气情况用表格表示，谁知道这里的最高气温和最低气温是什么意思？

设计意图：借此引出课题——温度，并营造轻松、和谐的课堂气氛，激发学生学习兴趣。

2. 考察对比，探究新知

（1）零下温度的表示方法和读法

师：同学们，老师想请大家帮忙考察两个地方的温度，看！（课件出示北京和哈尔滨。）

（讲明"考察"的习性要求：充分参与、创意记录、大胆分析。）

师：咱们首先来到北京天安门前，看见站岗的解放军叔叔穿着厚厚的军大衣，地上有一层白白的霜，风呼呼地吹在他们脸上。你们猜那风是怎样的？

生：冷/刀割一样……

师：猜猜今天北京的温度是多少。（学生猜测之后出示北京的天气情况表格。）

师：零上4℃和零下4℃一样吗？

（全班交流讨论中认识"零上"和"零下"，并比较大小。）

师：请大家用自己的方式表示这两个温度。

（生独立完成后小组讨论，师巡视。然后指名学生展示汇报，师总结："零上4℃"记为"+4℃"，读作"正4℃"；"零下4℃"记为"-4℃"，读作"负4℃"。重点强调"-"不可省略。）

设计意图：通过让学生用自己喜欢的方法记录北京的温度，发展学生的创造性思维，并对记录的方法加以比较，变传统的模仿与记忆的数学教学过程为自己创造的学习过程。

（2）认识温度计

师：同学们的学习效率真高，一会儿就认识并会用负数表示零下温度了。而测量温度常常要用到温度计。（课件出示：温度计图。）请大家拿出温度计卡片，认真观察一下，你有哪些发现，还有哪些疑问？把你的发现和疑问在小组内说一说。

（小组交流汇报，重点引导学生说出零上温度和零下温度的区别。）

师：大家说得非常棒，既然大家都认识了温度计，那你们能将北京这一天的温度标在温度计上吗？同学之间商量商量，是几度就在几度上画上一条横线。

（小组交流汇报，重点引导学生讨论"温度差"。）

设计意图：温度计是测量温度的重要工具，学生认识温度计十分必要，通过交流，让学生认识温度计。通过表示温度的教学，让学生了解温度计的读法。

（3）比较零下温度的大小

师：接下来咱们继续出发，来到哈尔滨。（出示哈尔滨大雪纷飞的图片。）哈尔滨正下着大雪，路上的行人头也不敢抬，大风里夹着雪花向他们吹过来。你们觉得哈尔滨的温度比北京怎么样？

生：更冷了！

师：猜猜今天哈尔滨多少度？（猜测后出示哈尔滨的天气情况。）今天哈尔滨的温度：最高气温——零下10℃，最低气温——零下20℃。请你用正或负数表示哈尔滨的最高气温和最低气温，并标记在温度计上。

（全班交流讨论，巩固表示方法。）

师：大家在标记温度时都想到了先找0刻度线，那么你们对0℃有什么感觉？（生答案不一。）也就是说依靠人的感觉去划定温度的0刻度是不准确的，咱们看看科学家是怎么做的。（认识0℃的由来。）

师：老师现在把三个城市的温度都放在一个温度计上，你能把这些温度按高低排个序吗？

（生独立思考后全班交流讨论，师总结比较方法。）

设计意图：从猜测到验证到分析，让学生在严谨的教学过程当中学会负数大小的比较。

（三）多维习得

师：老师这里还有几个城市一天的平均气温，你能将它们比一比，回答下面的问题吗？

（1）上海与天津，哪个城市的温度高？5℃○-2℃

（2）天津与青岛，哪个城市的温度高？-2℃○0℃

（3）长春与天津，哪个城市的温度低？-8℃○-2℃

（4）把4个城市的气温从高到低排列出来，并说一说你是怎么比较的。

（四）习得梳理

师：通过今天的学习，你有哪些收获？

师：今天我们通过研究温度认识了一个新的数字朋友，叫作负数。它表示的是比0还要小的数，在日常生活中有许许多多的地方都会用到它。

【板书设计】

温度

℃　　摄氏度

正数	零上	0
负数	零下	

【教学反思】

学生是课堂学习的主体，教师只是引路人与合作者。本节课营造贴近学生实际生活的情境，利用生活中熟悉的问题，充分调动学生学习的积极性，让学生在分析、讨论、研究的过程中发现数学规律，总结数学知识，充分利用课堂自然生成。通过"用自己喜欢的方式表示温度"的活动，发挥学生的主观能动性，激发学生的思维。

反思教学过程，今后我会采用增加课前调查或课后调查记录的方式延伸教学内涵，采用图示表征方法培养学生解决问题的能力。朱智贤在《儿童心理学》一书中指出，小学生思维发展的基本特点是从以具体形象思维为主要形式逐步过渡到以抽象逻辑思维为主要形式；但这种抽象逻辑思维在很大程度上仍然是直接与感性经验相联系的，仍然具有很大成分的具体形象性。所以，图示表征教学符合小学生的思维模式。著名数学教育家斯托利亚尔指出："数学教学是数学活动（思维活动）的教学，而不仅是数学活动的结果——数学知识的教学。"而思维活动往往蕴含在问题的解决过程中，让学生在图示表征基础上，运用比较、分析、综合、归纳、演绎等基本方法去推理和判断，进而促进数学问题解题能力的提升。

探索习性课堂教学，培养逻辑推理思维

——"有趣的推理"教学案例

中山小学数学科组　徐伟文

【背景分析】

在"习性课堂模式构建"课题研究的背景下，在中山小学青年教师习性课堂竞赛活动中，我采用习性课堂模式，从"习性准备、习性助学、多维习得"三个板块入手，进行"有趣的推理"一课的教学设计。这节课的教学目标是通过解决实际问题，让学生经历对生活中某些现象进行判断、推理的过程，激发学习兴趣，增强应用意识；让学生借助列表整理信息，并对生活中某些现象按一定的方法进行推理，培养初步的逻辑推理能力。同时在情感与评价方面培养学生能用语言清楚地表达自己的推理过程，在经历推理、判断的过程中树立自信，体会生活中这些现象中蕴含的数学道理。

基于"六习"研究背景及本课的特点，我在教学设计时将以下三点作为教学目标：

（1）经历对博物馆盗窃案中的某些现象进行推理、判断的过程，能够对这些现象进行合理的分析。

（2）学会运用列表、尝试、操作等解决问题的策略进行推理，发展推理能力。

（3）能够用语清晰地表达自己的推理过程，在经历推理、判断的过程中树立自信，体会生活中这些现象蕴含的数学道理。

【教学过程】

（一）习性准备

1. 课前准备，数学课堂四用具

数学书、课堂练习本、笔和尺子。

2. 情绪准备

学生以良好的精神面貌迎接新课。

3. 视频导入

师：最近，博物馆里发生了一起重大事件。到底发生了什么事呢？我们一起来看看吧。（播放视频。）

（二）习性助学

1. 探究新知

推理活动一：千里追凶。

师：同学们，你们帮助神探柯南找找，盗贼到底走了哪条路呢？你们可以确定吗？

（让学生胡乱猜测，体验推理是需要条件的。）

师：柯南也不能确定，这时一位目击者给柯南提供了两条线索，我们一起来读第一条线索。

师：读完后你知道了什么信息？现在可以确定什么？可以确定盗贼到底走了哪条路吗？我们应该怎么办？

师：现在我们来读读第二条线索。你又知道了什么信息？现在可以确定盗贼到底走了哪条路吗？为什么？

（引导学生总结。）

师：刚刚你们做的是一个什么过程啊？推理是瞎猜吗？那推理应该是怎么样的？

推理活动二：真假罪犯。

能干的柯南一下子抓到了三个犯罪嫌疑人，经过一番询问。确定了三条重要的信息：乔恩没开过红色的车，杰克没开过绿色的车，艾德开的是黄色的车。究竟谁才是真正的盗贼呢？

（1）独立思考、自主探究

个别学生能运用文字、连线等方法进行推理得出结论，但表达时可能会不完整、比较凌乱。大多数学生还是理不清头绪，一头雾水。

（2）小组合作，交流讨论

学生在同龄人之间，用他们的语言进行交流和碰撞。我在巡视过程中，遇到表达凌乱的小组，引导学生使用"因为……所以……"等连词，进行有理有序的表达；遇到一头雾水、无从下手的小组，给学生搭一个脚手架，——列表，为学生的推理提供视觉支撑。

（3）汇报展示，分享方法

展示环节，在学生介绍完文字、连线等方法后，我们重点研究怎样用列表法进行推理。

① 了解表格结构

小老师教学，教师从旁辅助。（让学生上台操作。）

② 借助表格，记录信息

学生根据已知信息，因为"乔恩没开过红色的车"，就在乔恩和红车的交叉格里画"×"；因为"杰克没开过绿色的车"，在杰克和绿车的交叉格里画"×"；因为"艾德开的是黄色的车"，在艾德和黄车的交叉格里画"√"。

③ 借助表格，完成推理

我适时追问："接下来我们该从哪着手呢？"学生可能会说："我们知道，艾德开的是黄车，那就不可能开红车也不可能开绿车，所以这两格可以画'×'。"学生也可能会想道："因为开黄车的是艾德，那么杰克和乔恩就不可能开黄车。所以这两格也可以画'×'。"我及时肯定并表扬学生："你们真会思考，在推理时，先找确定的信息，确定了一项就能排除其他几项。"

④ 总结规律，内化方法

师："如果你是柯南，你希望最先听到谁的供词？为什么？"

学生激烈讨论，逐渐认识到确定信息和否定信息在推理过程中的作用是不对称的。一个已知的确定信息能够推出四个否定的判断，但由一个已知的否定信息只能推出四个不确定的判断。因此，推理时一定要抓住关键信息，找准突破口，这对我们解决问题起着至关重要的作用。

（4）交流比较，优化提升

师：刚刚我们交流了那么多的方法，你最喜欢哪一种？为什么？

学生交流比较，体会到同样是推理，文字书写比较烦琐；连线直观，但不便于了解思考过程；而列表不仅简洁有序，还能展示思维过程。在解决比较复杂的推理问题时，用列表法更简洁、方便、一目了然。

2. 巩固新知

推理活动三：密码之谜。

师：这一次，盗贼抓到了，宝石却被他藏在了密码箱里，想知道密码？没那么容易，盗贼只肯提供几条信息。

独立思考，从这些信息中能否推理出密码？

四人一组，小组讨论，一起完成表格。

"密码之谜"承上启下，帮助学生内化新知，练习巩固用列表法进行推理，并再次体会列表法的简洁明了。

3. 提炼升华

推理活动四：宝石归位。

师：保险箱里有6颗宝石，柯南想请我们帮他把宝石放回展柜原处。我们应该怎么放呢？

独立思考，小组讨论。

在全班交流总结中，引导学生学会分类推理，明确推理时我们不仅要抓住关键信息作为突破口，还必须要有序地思考，这样才能一步一步得出正确的结论。

（三）多维习得

课末总结，习得梳理。

师：你学会了什么？通过这次活动，有什么样的感受？

师：在日常生活中也有许许多多的信息和线索需要我们去发现，我们可以通过我有理有据的推理找到答案。

【评析反思】

整个习性助学环节围绕一个主打习性（"习慧"习性）的培养，紧扣课程学习的重点（经历对生活中某些现象进行推理、判断的过程），学习难点

（能对生活中的某些现象按一定的方法进行逻辑推理，判断其结果）。整个教学设计将习性教育贯穿其中，教学流程一气呵成，教师循循善诱，学生兴趣高昂，体现了师生互动、生生互动，教学效果较好。

珍惜时间，助长良好习性

——"小明的一天"教学案例

中山小学数学科组　曾颖霖

【背景分析】

"习性课堂模式建构"是在陈校长的带领下，摸索出来的以习性准备、习性助学、多维习得为课堂框架，以习性教育为理念的课堂模式。在课堂中充分调动学生的学习情绪，激发学生的学习期待，先学后教，在学生自主学习的课堂习性中，帮助学生养成爱思考、敢质疑的良好学习习惯，提高课堂效率。

"小明的一天"一课是以小明的一天的学习生活为依据，安排了6个整时或半时的时间，让学生来认识钟面。根据教学内容和习性课堂理念及模式要求，我确立了如下的教学目标：①结合生活经验，学会看钟表，会认整时和半时，培养学生的观察能力和小组合作交流的能力；②通过经历猜想、观察、操作、交流、合作等活动，让学生感受学习生活中的数学，使学生掌握钟表方面的知识；③结合学生日常作息时间，培养学生珍惜时间的态度和合理安排时间以及遵守和爱惜时间的良好习惯，使学生感受到数学与人的生活息息相关，从而树立学好数学的自信心。

【情境描述】

（一）习性准备：创设情境，激趣导入

师：咦，小朋友们，听听这是什么声音？

（多媒体播放闹钟声。）

师：我们听到的是钟表店里的声音，钟表王国的兄弟姐妹有很多，你们

想去钟表大世界看看吗？（课件出示各种不同的钟表。）

师：这些钟表漂亮吗？那它们有什么作用呢？

生：可以知道现在是几点钟。

小结：钟表是用来帮助人们掌握时间的，那这节课我们就来认识钟表。（板书：认识钟表。）

设计意图：通过欣赏不同形状的钟表，让学生了解钟表与生活的密切联系。抓住学生的年龄特点、心理特点，创设情境，让学生从整体上建立对钟表的感性认识。

（二）习性助学：观察钟面，探究新知

1. 观察：认识钟面

师：请同学们观察大屏幕上的钟面，仔细观察钟面上有什么？同桌交流说一说。

生：钟面上有两根针和12个数字。

师：我们怎么去区分这两根针呢？

生：长长的是分针，短短的是时针。

师：现在你们能很快地叫出它们的名字吗？

学生齐读：分针细又长，时针粗又短。

师：我们知道了钟面上有时针和分针，同学们你们知道钟是怎么走的吗？（多媒体播放钟的走向。）

生：（用手比画顺时针方向）按照1、2、3…的顺序走的。

总结整体认识钟面：有时针、分针、12个数字。

2. 认读整时、半时

出示"小明的一天"生活情境图。

师：这是小明一天的生活安排，请同学们试着在小组里说一说，小明在什么时间，在做什么事情。你是怎么来看钟面上的时间的？

（引导学生观察钟面。）多媒体出示起床图和7时的钟面。

师：你是怎么知道小明在7时起床的？

生：因为分针指着12，时针指着7，所以是7时。

出示钟面8时、9时半、12时、4时、8时半。

学生认读，并说一说是怎么判断的。

师：你是怎么知道小明在9时半的时候学习的？

生：分针指着12，时针指在9和10的中间，是9时半。

师：那老师有个问题了，那既然时针在9和10的中间，为什么不说是10时半呢？

生：时针走过了9，还没有到10，所以是9时半，不是10时半。

3. 分类整理

师：这6个钟面我们可以怎样把他们分类呢？

（学生小组讨论，说一说自己的分类方法，并和组员的分法进行比较。）

小组讨论，得出结果：分针指着12就是整时，时针指着几就是几时；分针指着6的是半时，时针走过几就是几时半。

4. 德育教育

师：通过小明的一天，你对他有了哪些了解呢？

（学生各抒己见。）

总结：小明是个遵守时间、有良好作息习惯的好孩子，希望同学们也能够像小明一样合理安排好自己的时间。

（三）多维习得：动手操作，巩固新知

1. 课堂练习

（1）拨一拨，出示时间，学生拨动时针、分针。

3时半、6时、11时半。

（2）帮助螃蟹找到它的彩色泡泡钟。（连线。）

2. 总结提升

师：通过今天的学习你有什么收获呢？我们知道了分针指着12就是整时，时针指着几就是几时；分针指着6的是半时，时针走过几就是几时半。现在你们是一个能看懂时间的好孩子了。

【评析反思】

"认识钟表"一课是义务教育课程标准实验教材一年级上册的内容。这个内容是学生建立时间观念的初次尝试。教材以一个孩子一天的生活场景作为学习线索，通过调动学生已有的经验和认知水平，让学生在生活中潜移默化地感知"时间"这一抽象的概念，体会数学与生活的密切联系。

在教学中，我根据学生的实际情况设计一些开放性的问题，使学生围绕问题畅所欲言，这样，学生间也有了相互学习的机会。根据学生的回答随机演示，并伴有声响和颜色的变换，能较好地帮助学生初步认识钟面：1—12个数字、分针和时针。我充分利用多媒体的直观演示，在仔细观察钟表后，学生发现钟面上有12个数字宝宝、12大格，还有长针和短针。根据学生的回答随机演示，较好地帮助学生初步认识了钟面。

本课也存在着许多不足之处：

（1）由于我对新课程教材的理解不够深刻，仅让学生初步认识钟面、时针和分针，会看、会写钟表上整时和半时的时刻，初步建立时间观念，这样显然是不够的，数学学习的目的不应该是学生"经验"简单地再现和累积。

（2）由于学生不是经常参与操作实践的活动，在操作的过程中，学生不是很听老师的指挥，在小组活动中，学生的合作意识较差，从动手操作到自主探索再到用语言文学表达出来，学生都无所适从。例如，认识哪个是时针、哪个是分针时，学生分辨不够深入，没有让学生放开说，师有代说的地方。再如，回答问题——你是怎样知道是8时的，说拨钟的方法等等，学生语言组织有问题。

所以，在今后的教学中，应注重培养学生良好的学习习惯、实践操作能力、观察能力和语言表达能力。教学的每一个环节，千万不能"拔苗助长"。同时，教师在课堂上还要有足够的应变能力，不断提高自己的业务水平，这样才会使学生学会数学、热爱数学。

探索习性课堂教学，培养学生符号意识

——"用字母表示数"教学案例

中山小学数学科组　李晴华

【背景分析】

这节课是基于我校"习性课堂模式构建"课题研究背景下的一次探索。习性课堂模式由三个板块组成：习性准备、习性助学、多维习得，是以学生自主学习为主线，以帮助学生管理情绪、养成良好学习习性、促进有效学习、使习性与学习相辅相成、提高课堂效率为目标的课堂模式。

"用字母表示数"选自北师大版四年级下册《数学》第61—63页。本节课让学生初步了解和熟悉"用字母表示数"蕴含着一个重要的数学思想——符号化思想。培养学生的符号意识是本课的重点及难点，同时借助情境图让学生用字母表示数和数量关系，体会用字母表示数的必要性，发展抽象概括能力，渗透函数思想。

【教学思路分析】

根据教学内容和习性课堂理念及模式要求，我进行了如下教学设计。

（一）习性准备

（1）课前准备，数学课堂四用具：数学书、课堂练习本、笔和尺子。

（2）观看一小段数青蛙的视频，引发学生对本节课的好奇心。

（二）习性助学

1. 激趣导入

故事情境导入，激发学生兴趣。

2. 引发冲突，尝试解决

（1）用字母表示单一的量。

（2）尝试用字母式表示相关的量。

（3）用字母和字母式抽象出儿歌。

3. 游戏活动，感悟思想

小小快递员游戏，感受用字母表示数的范围和不确定性。

4. 联系现实，加深理解

列举生活中用字母表示数的例子。

（三）多维习得

课堂小结，习得梳理。

（1）这节课，你有什么收获？

（2）这个世界是可以用数学的方式表示出来的，你知道吗？

【课堂实录】

（一）习性准备，激趣引入

师：在语文课上，看到这样美丽的情景，你会说些什么？

生：我想到了一句古诗，"稻花香里说丰年，听取蛙声一片"。

师：真棒！现在上数学课，你能用数学语言来表示你看到的场景吗？

生：左边有1只青蛙，右边有1只青蛙，里面都有数字"1"。

生：青蛙的只数是1+1=2（只），眼睛一共有2+2=4（只），腿一共有4+4=8（条）。

师：你们都具有数学眼光，找到了这幅图里隐藏的数学信息。数学中，我们只要用数字和符号就可以抽象出一个世界，这就是数学神奇的地方。今天我们就来学习"用字母表示数"。（出示课题。）

（二）习性助学，引发冲突，尝试解决

1. 用字母表示单一的量

师：我们先从简单的开始，这是几只青蛙？用数字几来表示？（课件演示从1只青蛙慢慢增加到无数只。）

生：1、2、3…无数只。

师：青蛙的只数能数完吗？既然无法用一个具体的数来表示它的只数，那么你能想个办法来表示青蛙的只数吗？

生：可以用字母来表示青蛙的只数，我想用n来表示青蛙的只数。

师：n表示多少只青蛙？

生：它可以代表我们数不出的只数，图片后面藏着很多只，都可以用n表示。

师：那么这个字母可以表示出所有的数，可以是0.2、$\frac{3}{5}$吗？

生：不行，因为青蛙都是完整的，这里n不能表示小数和分数。

师：那说明n有一定的范围，它在这里表示的是自然数，板书"范围"。

师：刚才用字母n来表示青蛙的只数，那么用什么来表示青蛙嘴的张数呢？

生：可以用字母a表示，或者可以用字母b表示。

生：还可以用n表示青蛙嘴的张数，因为1只青蛙1张嘴，n张青蛙就n张嘴，所以嘴的张数和青蛙的只数是一样的。

师（总结）：在同一个情境中，相同的数量我们习惯用相同的字母来表示，这样更能显示出它们之间的关系。

2.尝试用字母表示相关的量

师：青蛙的只数和嘴的张数都用n来表示，那么它的眼睛的只数该如何表示呢？

生：2×n，因为1只青蛙2只眼睛，n只青蛙就有n个2只眼睛。

师：那该如何表示青蛙的腿的条数呢？

生：4×n。

师：请同学们仔细观察咱们表示的几个数量，你发现了什么？

生：都是和n有关系。

师（总结）：在同一个情境里，我们用相同的字母来表示相同的数量，用含有这个字母的式子来表示相关的数量。

3.用字母和字母式抽象出儿歌

师：有人用这几个数量编出了下面这首儿歌，你能用一句话概括一下这首儿歌吗？

生：n只青蛙n张嘴，2×n只眼睛，4×n条腿。

师：同学们真厉害，用短短的一句话就把这首儿歌浓缩了，看来，用字母表示数真的能把世界变得简单呢！

设计意图：借助青蛙儿歌引入字母表示数的情境，因为青蛙儿歌本身是一个饶有趣味的现实。"大家都用不同于n的字母，你为什么还用n来表示青蛙的嘴的张数呢？"贴切的问题，充分的交流，在运用字母表示具体数量和数量关系的活动中实现对用字母表示数的意义的理解，帮助学生体会到用字母表示数的必要性和优越性。

（三）游戏活动，感悟思想

师：谁愿意和老师一起来做个小小快递员的游戏？（教师请3位学生上台参与游戏）

（1）第一位学生根据教师的秘密口令（口语）在20米的讲台上走出5米，当第一位学生报出所走的路程时，其余学生画出线段图，标出总路程、已走的路程和剩余的路程。

师：第一位同学还剩下多少路程没有走完？

生：15米。

师：（转向问第一个参与游戏的学生。）这个答案是通过哪道算式计算出来的？

生：20-5。

师板书：式子　　结果

　　　　20-5　　15米

（2）第二位学生上台，听到教师的秘密口令走出10米，剩下10米。其余学生画出线段图，标出相关的数量。

师板书：式子　　结果

　　　　20-10　　10米

（3）第三位学生上台，听到教师的口令后，面露难色，迟疑不前。

师：你怎么不走了？有什么问题吗？

生：老师，我不知道该走多少。

师：你能告诉同学们，你得到的口令是什么吗？请大家来帮帮你。

生1：走x米。

生2：老师，我觉得她无法走，因为x可以代表任何数。

生3：我觉得她可以走任何数，x代表的是未知数，这个未知数是多少都行。

师：可以表示0？可以表示50吗？

生：不行，x只能表示0—20之间的数，因为总路程是20，x只要在这个范围内，是小数和分数都行。

学生展示作线段图的作品。

师（总结）：现在该如何表示剩下的路程呢？

生：20-x。

师：为什么不用其他字母来表示剩下的路程呢？

生：如果用其他字母来表示，就看不出剩下的路程和总路程之间的关系了。

师：同学们观察得很仔细，也特别会思考，用字母表示数，如果一个数量发生了变化，那么和它有关的另一个数量也会发生相应的变化。

设计意图：这个游戏环节的设计，让学生在由易入难的情境中体会到用字母表示数的范围的不确定性，游戏的梯度设计拓展了思考空间，学生用数学思维分析情境世界，有效积累了用字母表示数及数量关系的经验。并且，学生通过自己画线段图，借助直观想象真切地感悟到函数思想。特别是"20-x"帮助学生进一步丰富和拓展了对用字母表示数的认识，适应用字母式来表示一个结果。

（四）联系现实，加深理解

师：其实在我们身边还有很多需要用字母来表示结果的地方。

（课件出示。）

师：妈妈的年龄和什么有关？是什么关系？

生：妈妈的年龄和淘气的年龄有关，妈妈和淘气的年龄差是26岁。

师：你能举例说说淘气的年龄是多少岁时妈妈的年龄就是多少岁吗？

生：如果淘气1岁，妈妈的年龄就是1+26=27（岁）；如果淘气10岁，妈妈的年龄就是10+26=36（岁）。

师：能用字母式表示妈妈的年龄吗？

生：用n+26岁表示妈妈的年龄。

师：这个字母式就可以表示妈妈的年龄。那么你能总结一下他们年龄变化的情况吗？

生：当n确定时，妈妈的年龄也是确定的；当n发生变化时，变大或者变小，（n+26）这个字母式也会跟着发生相同的变化。

师：请同学们找一找，生活中什么时候还要用字母表示数或者用字母式表示数量关系？

生1：用s表示我的身高，妈妈比我高15厘米，妈妈的身高就是（15+s）厘米。

生2：可以用c代表教室里的学生数，走出去30人，那么剩下的人数是（c–30）人。

生3：教室里椅子数量用y表示，那么椅子腿的数量就用（4×y）表示。

师（总结）：同学们说得特别好，在同一个情境中，如果一个字母发生了变化，与它相关的字母式也会发生变化，当字母表示的值是确定的，相关的字母式也就是确定它所代表的值。

设计意图：借助母子年龄关系的情境，引导学生尝试用字母式表示数量之间的关系，进一步体会用字母表示数简洁明了的特点，同时拓展了学生的思路。

（五）多维习得，数学文化，巩固深化

师：今天你们有什么收获？

生：学会了用字母表示数。

生：同一个情境中，相同的字母表示相同的数量。

生：字母和字母式之间是存在关系的，就是等量关系。

（播放《数学小百科》。）

师：同学们，你们知道吗？这节课虽然只有40分钟，但这些知识却是我们一代代数学家历时2000多年，才得以将其形成和推广的。字母这种符号让世界变得简单，有人说，用字母代替数是世界上最伟大的语言，科学家们用他们演算的一个个代数式，为科技的飞速发展铺平了道路。希望你们长大后也能学以致用。

设计意图：本课尾声进行德育教育，旨在让学生认识到所学知识来之不易，树立学以致用、报效祖国和人类的高尚情操。

【板书设计】

用字母表示数

式子　　　结果

20-x　（20-x）米

【评析反思】

整个习性助学环节围绕一个主打习性，即思维习性的培养，紧扣一个主题内容——借助情境图探索用字母表示数的过程，让学生体会用字母表示数的必要性，发展抽象概括能力，渗透函数思想。教师大胆放手，学生积极参与思考，有效地培养了学生的思维能力。

（一）亮点评析

1. 习性特点鲜明

课堂应该彰显学生良好的习性养成，凸显良好的习性在学习中所起的正面作用。在备课前，我充分思考了本节课的主打习性，即思维习性的培养，同时围绕此习性目标展开教学，从中对学生进行方法指导，让学生通过学会方法形成良好的习性，以促进其更好地学习，良好习性与有效学习达到相辅相成。在习性助学环节中，学生在游戏环节通过由易到难的体验，感悟到函数思想，紧接着学会用字母式表示剩下的路程，所有的过渡都衔接自然，学生在不知不觉中实现了知识的内化，培养了思维习性能力。

2. 教学维度有层次

在备课时，我积极思考，根据教学目标设计层次分明、有梯度、螺旋上升的教学环节，让学生通过不同层次的学习使素养得到不同程度的提升，极大地提高了课堂效率。本课环环相扣，层层深入，在用字母表示青蛙的只数这一环节中，内容相对简单，教师让学生独立思考，此时的课堂是自主的，学生用心观察、仔细分析、自主探索，积极思考解决问题，再通过交流汇报，得出用字母表示数的方法，这也是创新意识培养的过程。学生在不断地碰撞和思索后统一了认识——相关的量要用相关的字母来表示才能体现出数量之间的关系。

（二）反思不足

1. 教师放手力度仍不足

习性课堂要求教学中应以自主学习为主线，组织学生质疑、合作、交流、探究，培养学生善于静思、乐于交流、勤于思考的习性。然而，本课教师掌控的成分比较多，教师抛出的问题比较碎片化，达不到预期的效果。在今后的教学过程中，要有效灵活地处理教材，根据教学目标专研核心问题，提高课堂效率。

2. 教学手法吸引力较为欠缺

"用字母表示数"这节课是让学生经历符号化、模型化的过程，在这个过程中不仅发展了学生的符号意识，还提高了学生的抽象思维能力。然而在教学环节中，问题设置较为零碎，较难培养学生思维的深刻性和广阔性，个别学生较难通过本节课来养成辩证思维的思想。

【结语】

数学课应是学生积极思维的一片沃土，如果数学课没有思维，那么就仿佛一个人失去了灵魂。教师最大的精彩不是自己的精彩而是成就学生的精彩。上完本课后，我受益良多，不仅加深了对我校习性课堂教学模式的理解，以及掌握了如何将习性目标与学校"六习"理念融入课堂中，同时也对如何培养学生的习性目标有了深刻认识。

习性助力，推理习慧

——"有趣的推理"教学案例

中山小学数学科组　林　翘

【背景分析】

在陈校长主持的"习性课堂模式构建"课题研究的引领下，在以"习性准备—习性助学—多维习得"为架构的教学模式的指导下，为进一步推动习性课堂模式的发展，学校各科组举行了全面的分为三个层次的习性赛课活动。在数学科组举行的习性赛课中，我选择上北师大版三年级下册《数学》中的"有趣的推理"。这节课通过让学生经历对生活中某些现象进行判断、推理的过程，激发学生的学习兴趣和推理思想；借助列表整理信息，让学生习得梳理、推理信息的方法，展示学生推理的过程，从而让推理思想"可视化"，初步培养学生的推理能力；在情感态度方面，培养学生用语言清楚地表达自己的推理过程，让学生在经历推理、判断的过程中树立自信，体会生活中蕴含的数学道理。

【教学思路分析】

根据教学内容和习性课堂理念及模式要求，我进行了如下教学设计。

（一）习性准备

（1）课前准备，数学课堂四用具：数学书、课堂练习本、笔和尺子。

（2）观看一小段柯南的视频，引发学生对本节课的好奇心。

（二）习性助学

1. 激趣导入

故事情境导入，激发学生兴趣。

2. 探究新知，推理活动一：三个案件

习慧探究：通过三个事例，引导学生总结出推理的方法。

（1）案件一：谁是姐姐（读懂信息，寻找线索）。

（2）案件二：寻人启事（抓关键信息，连续思考）。

（3）案件三：兴趣小组（借助表格，记录信息）。

3. 课堂巩固，推理活动二：分别是哪个兴趣小组的老师

习慧初步运用：运用上面学习到的方法，进行独立探究。

4. 提炼升华，推理活动三：飞机模型的位置

习慧深度运用：总结上面的经验，进行小组合作探究。

（三）多维习得

课堂小结，习得梳理。

（1）这节课，你学到了推理过程的哪些方法和步骤？

（2）在现实生活中你有遇到过与推理有关的事情吗？

【课堂实录】

（一）激趣导入

师：同学们，我们刚刚观看了一小段关于侦探柯南的视频。他的推理能力可是非常厉害的，让我们都叹为观止呢，今天他想在我们当中招聘小助手，但是要想成为他的小助手必须要经过他的考核。你们愿意吗？

生：愿意！

师：好，我们一起打开他的案件记录看看吧！

（二）探究新知，推理活动一：三个案件

1. 案件一：谁是姐姐

师：请看柯南给大家的案件一——谁是姐姐。（出示图片。）你知道吗？

生：不知道，因为没有信息只能猜谁是姐姐。

师：这里给了大家一个推理信息，其中一个女孩说"我不是姐姐"。那你们知道答案了吗？

生：知道了！那另一个就是姐姐。

师：对了！很不错！我们学习到了推理的时候要抓住关键信息进行排除，才能得出正确的结论。

2. 案件二：寻人启事

师：刚刚我们小试牛刀，大家表现得都很不错，再来看看案件二——寻人启事。

她是我们班上一名女生。（你知道什么关键信息？）

她留长发。

她是第三排里最娇小的。

师：你知道是谁了吗？你是怎么推理出来的呢？说说你的理由。

（请学生回答，并及时总结。）

小结：在进行推理时，可以根据关键信息逐一排除。

3. 案件三：兴趣小组

（1）读懂题目，寻找信息

师：看来大家越来越厉害了，再来看案件三，会难倒你们吗？首先说说你们知道了哪些信息？

生1：有足球、航模、电脑三个兴趣小组。

生2：淘气、笑笑、奇思分别参加了其中一组。

师："分别参加了其中一组"是什么意思？（生举手自由说）

师：也就是说（他们三人都不在一个组）。理解能力真不错，那就是说我们在推理时第一步要读懂题目，寻找线索。（板书"读懂信息，寻找线索"。）

师：你能确定他们分别参加了哪个兴趣小组吗？（不能。）

师：还不能确定是吗？我们来看看题目有没有留给我们其他的线索。（点击PPT，补充信息。）

师：你找到了哪些线索？

生：淘气不是电脑小组的，奇思喜欢航模，笑笑不喜欢足球。

师：还有没有其他线索？（没有了。）同学们刚才不仅读懂了题目意思，还找到了所有有用的线索，看来大家都很清楚第二步该干什么，那就是抓关键信息，连续思考。（板书"抓关键信息，连续思考"。）

师继续问：现在你能根据这些信息推理出他们分别参加什么兴趣小组了吗？

（如果学生说不能，或者沉默不语露出疑惑的神情，老师应及时抓住学生的好奇心，顺势引出表格法。）

（2）用表格法进行信息分析

师：哎呀，看完了这么多信息，淘气不是电脑小组的，他可能是足球、航模小组的。笑笑不喜欢踢足球，她可能是……信息太多了，我都乱了。那么该怎么整理信息呢？（引导学生说出画图、画表格。）

师：（如果没有学生说出表格法）我们能不能利用画表格的方式来整理信息呢？（可以。）我们一起试试看！（板书"借助表格，记录信息"。）

师：那应该怎样建立这个表格呢？有几个人？有几个兴趣小组？（生自由回答。）

师：那我们第一行可以写兴趣小组的信息，第一列可以写人数信息（表1）。（带领学生构建表格。）

表1

学生＼兴趣小组	足球	航模	电脑
淘气			
笑笑			
奇思			

师：表格已经画好了，把你知道的信息记录下来就可以了，那我们可以根据信息借助打√打×的方式做记录。请同学们拿出学习单，动手试试看。

（3）独立完成，集体汇报

师：哪位同学愿意上来分享你的想法？（投影展示。）

生边展示边说。"兴趣小组"推理表（表2）。

表2 "兴趣小组"推理表

学生＼兴趣小组	足球	航模	电脑
淘气	√	×	×
笑笑	√	×	√
奇思	×	√	×

师：说得真不错，表达很清晰，掌声送给他！

师：恭喜大家都顺利通过了柯南的考核，成了他的推理小助手啦，下面柯南要把任务派给你们啦，请你们解决下面的推理问题吧。

（三）课堂巩固，推理活动二：分别是哪个兴趣小组的老师

学校开设了美术、音乐和体育三门课，王、李、张三位老师分别教其中一门课。王老师不是美术老师，李老师从不在操场上课，张老师上课要用钢琴。这三位老师分别教哪一门课？

小组合作，请把你的推理记录在学习单上。

小组汇报，说一说怎么推理的。

师：说得很有条理、很清晰，真是会学习的孩子。

小红、小青、小芳、小丽四个人中，小青不是最高的，但比小红、小丽高；而小红又比小丽高。你知道她们分别是谁吗？标出她们的名字。

先独立思考，再小组内讨论，并相互说一说是怎么推理的。

师总结：边演示PPT，学生边说。

（四）提炼升华，推理活动三：飞机模型的位置

师：接下来我们遇到了更有挑战性的推理案件，我们要自己来解决了。请同学们先来看看具体的内容，（出示题目）生读题。

师：先确定关键信息。

师：哦！感觉很复杂呢，有左边又有右边的，怎么办呢？（先把左右两边的分开！）

师：很好！我们可以先把左、右两边的分开，来一起分一分。小组讨论，在学习单上完成。

小组讨论，完成学习单，集体汇报。

师：同学们真棒，用你们善于观察的眼光和敏锐的推理能力完成了各种推理考核，恭喜你们，正式成为名侦探柯南的小助手了，掌声送给自己吧。

【评析反思】

（一）亮点评析

1."习慧"习性鲜明

本课在"习性助学"环节，利用三个由浅入深的推理案例，引导学生体会推理的方法，并学会找到"突破口"，引导学生进行总结分析，反复让学生将推理过程和结果用语言表达出来，加强学生对推理方法的理解，这是"习慧"探究阶段。然后，对学生所学到的知识进行强化训练，分为了两个探究阶段：习慧初步运用和习慧深度运用。根据实际的例子让学生快速、有效地掌握了本节课的主要内容。接着，让学生初步将推理运用到实践中，解决一些实际问题。最后，引导学生联系生活，说说推理的过程和方法，进行习得梳理，并激励学生在课后继续努力探索，在生活中学习数学，学生体验到了学习成功的愉悦。

2. 教学目标明确

经过本节课的教学，学生能很好地用推理的方法对生活中的一些事件加以判断，具备了初步的逻辑推理能力，并且能够用语言清楚地表达自己的推理过程，在经历推理、判断的过程中树立了自信，体会到了生活中这些现象中蕴含的数学道理。

（二）反思不足

1. 教师评价语言

教师充满魅力的课堂评价语言能使学生学习兴趣高涨、个性飞扬。有时候知道应给予评价，但没有精湛的语言艺术，今后应从听课中学习别人的评价语言，同时，在自己的课堂实践中不断总结。

2. 学生互动比较少

生生互动主要体现在小组讨论和学生互相评价中。其实，评价的过程就是一种智慧共享的过程，也是教学生学会倾听、学会欣赏、学会自我反思的过程。教师应该引导学生在学习过程中评价别人，而且评价要以正向评价为主，学生从中学会欣赏他人、接纳他人。同时，以智慧生成智慧，才能让习慧课堂更加灵动，更有意思。

【结语】

新课程改革的全面铺开对教师提出了新的要求，它要求我们对传统基础教育中的种种弊病进行彻底变革，要求教师不仅做课程的实施者，更要做课程的研究者和开发者。教学目标从纯粹的知识技能转向了"三维"目标，课堂上教师关注学生的发展性、人文性，倡导以"主动参与、乐于探究、交流与合作"为主要特征的学习方式，使学生能够积极主动地获取知识，学会观察、学会思考、学会选择、学会判断、学会合作探究、学会创新，乃至学会学习、学会生存、学会做人的道理。

而习性教学模式，也刚好与新课标提出的要求相契合，我们的数学课，绝不仅仅是一个知识传递的过程，要让学生学会分享、学会倾听、学会接纳、学会反思、学会修正自己、这样的合作学习方式，可以促进学生形成良好的学习习惯和学习品质，以及良好的生活态度，使得他们更好地进步和成长。因此，作为一个新时代的教师，更应该与时俱进，积极探索，认真钻研，修身修心，努力提升自己的教学能力，培养好新一代的社会主义接班人。

习性教学在课堂

——"不确定性"教学案例

中山小学数学科组　吴　磊

【背景分析】

在陈校长提出的"习性课堂模式构建"课题的引领下，我执教了这节"不确定性"。习性课堂模式由三个板块组成：习性准备、习性助学、多维习得，以习性为抓手助力课堂，促进学生数学思维的发展，夯实学生的数学能力。

"不确定性"是北师大版《数学》小学四年级上册第八单元的第一课时，这是学生第一次接触"可能性"的知识，同时也为后面进一步学习概率奠定了一些基础。可以说学生在日常生活中经常会遇到不确定性的现象，只是还没有形成系统的知识体系。概率的内容有一种能感觉到但又比较抽象的感觉，因此在教学本节知识时，我主要采用学生熟悉的生活事件让学生感知，同时结合学生喜欢的游戏活动，通过"猜测—实验—分析数据"这一系统过程，发展学生的初步分析、推理能力。让学生在有趣的游戏和熟悉的生活事件中感知"确定性"与"不确定性"，提高推理能力，充分感受数学的有用性及数学与生活的密切关系，进而达到习智目标。

本节课要完成以下教学目标：①结合"扔硬币"的游戏，通过丰富的生活实例体验一些事件发生的不确定性，感受简单的随机现象；②能用"可能""一定""不可能"来描述简单事件发生的情况，并能够列出简单的随机现象中所有可能发生的结果。教学重点是体会事件发生的不确定性。教学难点是会用"一定""可能""不可能"等词语描述事件发生的情况。

【教学过程】

（一）习性准备——促学生课堂习性的发展

观看"扔硬币"视频，调动学生的学习兴趣，引入新课。（扔硬币。）

设计意图：以生动有趣的动画为切入点，调动学生的学习积极性，培养学生思维习性，为整节课打好基础。

（二）习性助学——促学生数学思维的养成

1. 在"猜硬币"的游戏中，感受事件的不确定性

（1）师生玩抛硬币游戏，学生先猜测结果，师再抛，验证猜测。（手心代表正面，手背代表反面，用手表示自己猜测的结果。）

设计意图：在师生猜硬币的过程中，让学生初步感受硬币正反两面的不确定性，建立初步的表象，同时教师与学生的互动起着示范的作用，为下面学生之间的游戏做好铺垫。

（2）同桌共玩抛硬币游戏（表1）。同桌配合，一名学生猜测和记录，另一名学生抛。每人5次，你有什么发现？

（将椅子推进桌子里，两人蹲在地上玩，也可到讲台上玩。）

表1

第几次	1	2	3	4	5	6	7	8	9	10
猜测的结果										
掷的结果										

设计意图：在生生互玩的活动中，学生有充分的时间与空间来探索和感受事件的不确定性，为整节课知识的理解做好基础。

（3）小组交流。5次都猜对的学生请举手，猜对4次的、3次的、2次的……

在刚才大家抛硬币玩的过程中，有的人可能猜中的次数多，有的人猜中的次数少，不管怎样，在玩的过程中都有你的感受、体会、发现，在小组内说一说，然后我们全班交流。（你有什么发现？）

设计意图：在同伴的反馈中，学生们进一步肯定自己的探索发现，硬币落地后，正面向上还是反面向上是不可控的。

（4）学生分享。（重在体会事情发生的不确定性。）

设计意图：给学生表达自己体会的机会，让学生在同伴的分享中共同进步。

（5）师总结。

如果我再抛这枚硬币，它会正面向上还是反面向上呢？（可能会正面朝上，也可能会反面朝上。突出"可能"，引出像抛硬币这种结果不能事前确定的现象就是随机现象，这种现象具有不确定性。）

设计意图：从教师的立场出发，给学生更坚定、明确地肯定。

2. 在"猜盒子"的游戏中，判断事件的可能性

四个盒子，A盒：4黄；B盒：2黄2白；C盒：2蓝1黄1白；D盒：4白。

当没有标记的时候无法确定每个盒子，我们通过摸球来确定。

规则：每次摸一个球，记录颜色，再放回去。然后猜这个盒子是哪一个，如果能确定，游戏结束，如果不能确定，继续摸、记、猜（图1）。

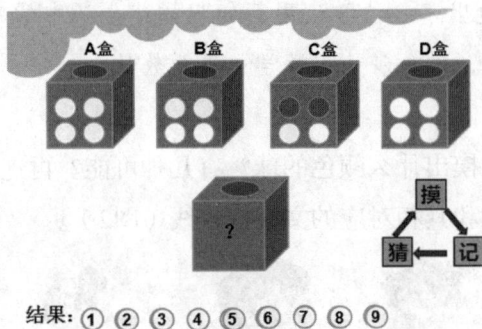

图1

第一次：B盒（2黄2白）

（第一次摸，可能是白球，也可能是黄球，学生此时的回答只能是猜测的，无法准确判断。当后续摸出两种不同颜色的球时，能确定，一定不是A盒和D盒。最后剩下B盒和C盒，虽然没有出现蓝色球，但C盒的可能性还是有的，只能说B盒的可能性大，最后倒出所有的球，验证学生的猜测。全程引导学生用可能来表达事件的可能性。）

第二次：C盒（2蓝1黄1白）

（当只出现黄球或者白球的时候，无法确定是哪一盒，引导学生用可能来表达。当蓝色球出现后，能确定该盒为C盒，引导学生用一定来表达。）

第三次：A盒（4黄）

（此时只有A盒和D盒，只要抽出一个球，就能验证是哪一盒，引导学生用一定表达。）

设计意图：在三次猜盒子的过程中，让学生充分体会什么是"确定事件"、什么是"不确定事件"，感受描述中的不同。在具体情境中运用所学知识，很好地巩固了新知，更好地促进了学生对新知识的内化和生成。

（三）多维习得——扎实基础提升数学能力

1. 用"一定""可能""不可能"等词语描述生活中的事

（1）明天会下雨吗？

（2）我能中一等奖吗？

（3）下一个路口我会遇到红灯吗？

设计意图：输出是学会新知最有效的方式，只有内化成自己的知识，才能轻松地运用和表达出来。让学生用新知识描述生活中的事，感受数学来源于生活，更用于生活，进一步认识数学、喜欢数学。

2. 说一说

每个盒子里可能摸出什么颜色的球？有几种可能？再连一连。

将三个盒子分别和其相对应的文字框连线（图2）。

图2

设计意图：以多种维度促进学生的内化和生成，为学生做更全面的知识巩固。

3. 组内互学，团队合力中共进步

要求：小组四人，一名组长，三名组员，每人在"一定""可能""不可能"中选一个词，说说自己生活中的事，最后组长对组员的发言进行点评。

设计意图：在学习知识之外，我们还需要让学生们学会评价和肯定同伴，在同伴的评价和肯定中提高自我认识，更有助于集体的和谐与稳定。同时在生生互评中欣赏别人、评价别人、发现他人身上的闪光点，是学生应该学会的技能。

4. 在总结中内化和升华

同学们，通过这节课的学习，说说你有哪些收获，评价自己在这一节课学习中的表现。

设计意图：学生通过自己的总结，更好地梳理了本课的知识，形成了属于自己的知识脉络。通过自我评价，让学生反思整节课自己的表现，这是一个内省的过程，能够让学生自我省察，形成良好的学习习惯。

【问题与反思】

本节课的教学目标是使学生初步体验现实世界中存在的不确定现象，能用"一定""不可能"和"可能"等词语来描述生活中的一些事件发生的可能性，并能和同伴交流想法。"可能性"问题在生活中比较常见，但是比较抽象，学生在学习这方面的内容时，存在一定困难，学生初次接触感到比较陌生，学起来有一定的难度。因此，在教学中，我为学生创设了具有启发性的教学情境，大胆放手，使学生在大量观察、猜测、实践、探索与交流的数学活动过程中，经历知识的形成过程，突破教学的难点，帮助学生建立不确定现象这一新的观念。具体表现在以下几个方面。

1. 用活动贯穿始终，让学生经历"可能性"，建立不确定现象这一新的观念

活动是儿童的天性，也是儿童感知世界、认识世界的重要方式。《义务教育数学课程标准》（2017年版）明确指出："让学生在具体的数学活动中体验数学知识。"本课中，我准确把握了教学的重难点，结合教学内容的特点、儿童的年龄、心理特征以及生活经验等因素，创设了同桌合作投掷硬币、师生合作演示摸球等活动。让学生在一系列有意义的数学活动中，逐步丰富对可能性的体验。同时，本课也充分体现了学生的主体地位，和学生合作学习与自主探究这些新的教学理念。

2. 紧密联系生活，突出学以致用

课堂练习中出现的判断题皆是学生生活中的例子，可以让学生感受到可能性知识就在我们的身边，感受到学习数学的意义与价值，感受到数学就在我们的身边。

习性课堂教学模式在我校已初具规模，在课堂教学中的效果是有目共睹的。在数学教学中，教师要有好的行为习性、思维习性，以促进学生行为和思维品质的养成。在习性课堂教学模式下，我还有很多不足的地方，我将与我的学生共同成长、共同进步。

在游戏中学会推理

——"填数游戏"教学案例

中山小学数学科组　叶荟婕

【背景分析】

习性课堂模式是在陈校长的带领下，摸索出来的以习性准备、习性助学、多维习得为课堂框架，以习性教育为理念的课堂模式。该课堂模式倡导在课堂中充分调动学生的学习情绪，激发学习期待，先学后教，在学生自主学习的课堂中，帮助学生养成爱思考、敢质疑的良好学习习惯，提高课堂效率。

"填数游戏"一课是根据数独游戏改编而来的，其中蕴含着丰富的数学思想。本课分为三部分：3×3 的填数游戏、5×5 的填数游戏、数字迷宫。先让学生参与简单的填数游戏，在学生对填数规则和策略有了初步的认识后，再提高游戏难度，让学生慢慢学会简单的推理。三个关卡由易到难，循序渐进，旨在游戏中培养学生的推理能力，这也是新课程标准中的十个核心能力之一。

根据教学内容和习性课堂理念及模式要求，我确立了如下的教学目标：

（1）经历填数游戏活动，读懂填数游戏规则，掌握填数游戏的不同策略，达成习慧目标。

（2）在填数游戏的过程中，能在不同的情况下选择不同策略填数，并将填写的理由以及采用的方法进行完整、清晰、简洁的表述，达成习言目标。

（3）在交流、探索、尝试的过程中提高学生的推理能力，培养学生的合作意识和主动探索的精神，达成习志目标。

【情境描述】

（一）习性准备：创设情境，激趣感知

师：同学们，今天森林里发生了一件大事，让我们一起去看看吧！

播放音频：熊二挑战熊大。

师：同学们，你们有信心帮助熊二挑战成功吗？在玩游戏之前，老师要提醒你们，这个闯关游戏需要每位同学共同参与，你们只有一次机会帮助熊二哦，所以你们要认真倾听。

设计意图：以情境创设来调动学生的情绪，将学生们带入熊大熊二的情境，吸引学生的眼球，最后强调倾听的习性，落实对学生课堂习性的培养。

（二）习性助学：闯关游戏，掌握策略

1. 游戏一：数字扫雷，初步探究填数游戏

（1）理解游戏规则

提出主要问题：什么叫"横行""竖行"？这里的"只能"是什么意思？"不能重复"又是什么意思？

（2）独立探索填数方法

师：规则搞明白了，老师还有一个最后问题，有这么多空格请你填，从哪个空开始填会比较快呢？请你带着这个问题，拿出你的学习单填填看，边填边思考你为什么这样填。（生填2分钟。）

（3）引导学生形成表达思路

师：你是先从哪个格填起的呢？请把你的想法说给同桌听听。

（生上台分享。）

师：下面我请一位同学上来说说你先填的哪一个空格，为了让其他同学能够听清楚，所以我们上来之后都先告诉同学们，你观察的是这一横行，还是这一竖行，并用红色方框将你观察的那一行框出来行吗？

引导学生按这样回答：我是观察第____横行（竖行），因为有了____，所以填____。

师：那你刚刚填完了一个空，有没有信心接着填下去？其他人对他有信心吗？那待会儿他填的时候你们听得越认真，就是对他越有信心，好吗？

（生接着往下填，直到填完表格。）

（4）检查

师：他填完了，可是我不知道他填得对不对，怎么办？检查是个好办法，可是该怎么检查呢？

师总结：其实，我们就按照游戏规则检查就行了，是不是啊？注意观察，每个空格中是不是只有1、2、3这三个数中的一个？每一横行，每一竖行，有没有重复？同意吗？来，我们一起快速检查，行吗？

（5）总结方法找唯一空格

师：刚刚我们在数字扫雷中学习了找唯一空格的方法，谁来说说怎么找唯一空格？

2. 游戏二：送数字回家，掌握填数策略

（1）解读规则

恭喜你们闯关成功。我们一起来看看第二关——送数字回家。

师：别激动，我们还是先来看看游戏规则！你读懂了吗？

生：只能填1、2、3、4、5，不能填别的。

生：每一横行和每一竖行数字不能重复。

师：大家看看，这一次的规则跟刚才第一个游戏的规则有哪些相同的地方？又有哪些不同的地方？

师：这一次空格变多了，你又打算先填哪个空格？请你再次带着这个问题，拿出你的学习单填填看，边填边思考你为什么这样填。（生独立填。）

（2）深入探索填数策略

师：谁来说说你是先填的哪个空格，同学们在说的时候，你们要注意听哦，待会他有说错的或者需要补充的要及时举手。（请生上来填。）

引导学生这样表达：横着看，不能填_____；竖着看，不能填_____，所以填_____。

师：刚刚这位同学是先观察哪里，再观察哪里？只看其中一个横行能填出数字吗？这也就是玩填数游戏的小诀窍，横竖同时看。

（3）简介渊源（文化渗透）

师：玩了两个填数游戏，你们知道我们今天玩的游戏叫什么吗？

生：数独。

师：其实数独是后来才有的，它起源于我们国家古代的数字游戏九官格，后来发展为拉丁方块，再后来才发展为数独。意思就是"这个数字只能出现一次"或者"这个数字必须是唯一的"。

师：其实数独游戏还有很多种呢。（课件出示不同阶的数独游戏。）

师：这些游戏中都能用到我们今天学习的方法，有兴趣的同学课后可以继续研究。

师：恭喜同学们闯关成功。

设计意图：习性助学是本节课的精华所在，所以教学内容的设计是循序渐进的，设置了多种教具辅助教学，如红色框框，能帮助学生聚焦注意力。在游戏一"数字扫雷"中，为带领学生初步探索填数游戏的规则和策略，设置了主要问题，帮助培养学生的问题意识，让学生有目的地思考，培养学生独立思考的习性。在学生交流的过程中，引导学生规范表达，培养学生敢于质疑、敢于表达的习惯，并注重学生的倾听习惯，从而达到习言目标。然后带领学生检查，训练学生自我检查的意识。游戏二"送数字回家"是对填数游戏策略的综合运用，让学生尝试自行解读规则，培养学生举一反三的习惯，并设置了核心问题，让学生独立思考后再合作交流。在汇报的过程中引导发言学生清楚完整地表达，其他同学安静倾听，引导学生养成乐于表达、静听善思的好习惯，学会综合使用策略填写，从而达到习言、习慧的目标。最后还设置了拓展内容，丰富学生的学识。

（三）多维习得：方法总结，将经验提升为策略

播放微课：熊二感谢同学们的帮助。

师：同学们，你们学会了玩填数游戏的方法了吗？我们可以先寻找每一行中唯一空着的格子，根据已有的数，找出该填的数，当没有唯一空格时，我们可以横竖同时看，同时观察横行和竖行，遇到不确定的数字时，我们可以试着填一个数，看看有没有重复。

设计意图：以微课的形式来总结本节课的方法，并设置了三个问题让学生总结推理过程，达到习慧的教学目标，最后进行总结。

【板书设计】

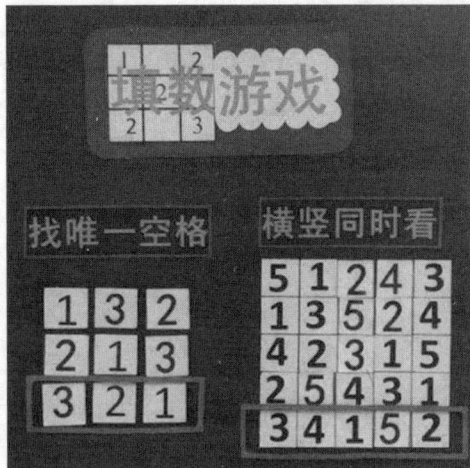

【评析反思】

本节课我主要注重引导学生在问题中寻找填数游戏的策略，同时关注学生语言表达和倾听习性的渗透培养，通过设置几个主要问题——从哪个空格开始填比较快？为什么？让学生更多地关注顺序和理由，而不仅仅是填数的结果。而这个格子是填数游戏的突破口，在寻找突破口的过程中找到解决填数游戏的方法，是本节课的关键。在解决复杂问题时，需要同时运用三种方法，这是本节课的难点。

为了更好地突破重点与难点，让学生们能更清晰地表达，我制作了教具。不同颜色的格子能让学生更快地找到观察点。红色的方框能够聚焦学生注意力。在制作课件时，创设情境，加入了一些音效，激发学生的兴趣。在每一关结束后，为满足学生成就感，对于学生的生成都有相应的展示，这样的教具辅助和课件能引导学生将注意力集中在问题的解决和理由的表述上，从而突破本节课的难点。

3

体育科组教学案例

注重学生习体，培养篮球技术

——"篮球：单手直线运球"教学案例

中山小学体育科组　张立威

【背景分析】

依据《义务教育体育与健康课程标准》（2017年版）的精神要求，坚持"健康第一"的指导思想。在课堂上以学生发展为中心，帮助学生学会学习和锻炼，努力培养学生观察、思考、探究的能力，使学生养成自主学习的习惯。通过教师讲解、示范正确的直线运球动作，使学生学会并掌握直线运球的完整技术，激发学生的学习兴趣，培养学生的协作意识，让每一位学生都感受到运动的乐趣和成功的快乐，从而了解和喜欢篮球运动，亲身体验运动所带来的快乐。教学目的是让学生知道直线运球的方法，初步掌握直线运球动作技能，会在行进中运球，培养学生的合作与竞争意识，让学生体验与他人合作学习的心理感受，培养学生对篮球运动的兴趣。教学重点是拍球的部位、方向。教学难点是拍球的力量、速度。

【教学过程】

（一）习性准备

准备活动常规项目和有球热身操相结合，既活动了身体又培养了学生球性。

组织形式（图1）：

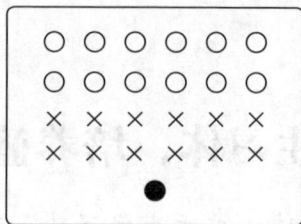

图1

（二）习性助学

1. 导入

利用篮球在世界运动史上的重要性进行导入，从中说明篮球运动中直线运球的重要性。

2. 示范

教师讲解与示范直线运球技术动作，讲解动作要领，侧面动作示范（图2）。

图2

3. 讲解

正确的触球部位以及提腿屈五指张开的拍球动作，重心降低，能把球控制在身体附近。

4. 思考

怎么样用自己的身体做出运球的动作？重点让学生体会直线运球这个动作，正面动作示范（图3）。

图3

组织形式（图4）：

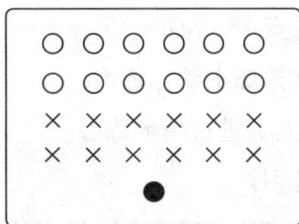

图4

（三）多维习得

1. 讲解动作要领

（1）教师组织学生分组，两人一组进行直线运球技术动作练习。教师讲解学生易犯错误并进行纠正。

（2）直线行进间运球，身体重心要跟上球，要求到达目的地进行人员接力交换。

关键：身体微微弯曲，五指张开触球。

组织形式（图5）：

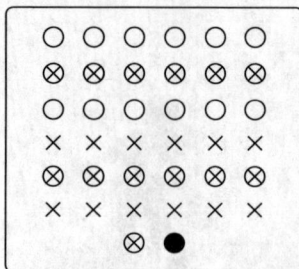

图5

（1）男女生分组面对面进行比较练习。

（2）一组人练习，一组人观察动作。

2. 完整动作练习

（1）教师组织学生进行"面对面运球接力"的游戏，集体练习运球。

（2）示范提速运球，引导学生在运球中增加触球次数。

关键：教师巡视，注意安全，保护学生。

3. 提升训练（直线运球拍球）动作练习

（1）分成两组（每组2人）进行循环练习。

（2）教师示范，学生练习。

（3）前面的学生先进行直线运球练习，后面的学生站在原地观察。

组织形式（图6）：

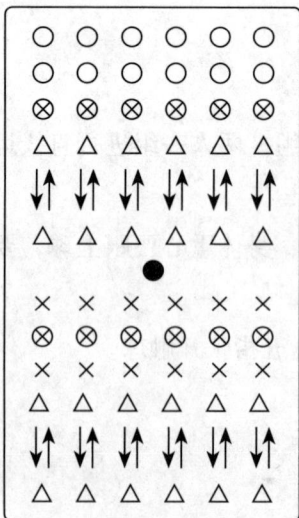

图6

4. 分组合作、当课训练（迎面篮球接力赛跑）（图7）

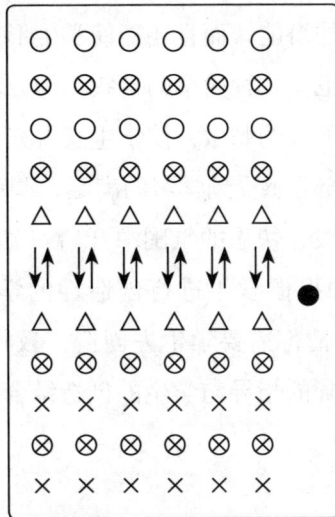

图7

示范提升速度素质练习，引导学生在运球中注意速度的重要性。

（四）习得梳理

结束部分：

（1）跟随教师一起做放松运动。

（2）教师总结。

（3）宣布下课，收放器材。

（4）组织形式（图8）。

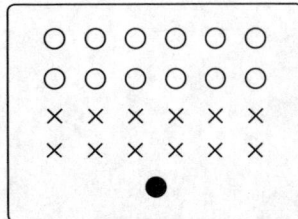

图8

【问题与反思】

本节课的教学思路非常清晰，儿童从幼儿时期就表现出良好的创造力，通过练习原地拍球动作，可以进一步发展学生的灵敏、柔韧、协调素质，提高身体的平衡能力和时空感，促进学生身体的协调发展，并使他们形成创造性学习的习惯，挖掘出更多的潜能，而且还能使学生形成新的意识和能力。同时让学生知道原地拍球动作也是一种简单的自我保护方法。在体育教学中我们要创设条件，提供诱发创新思维的刺激，使学生获得充分的创新体验。本科从教学中的问题出发，使他们充分感受到学习的满足，调动了学生学习的积极性，使学生在有趣、生动、活泼、快乐的氛围中开始一节课的学习和锻炼。

另外，在教学过程中提倡学生进行创造性的学习并不意味着排斥教师的指导，也不是说样样事情都需要学生去创造，教师的指导作用是不可忽视的，在体育教学中要将教师的指导与学生的创造结合起来。

发展学生体育习性，提高立定跳远技术

——"立定跳远"教学案例

中山小学体育科组　曹争军

【背景分析】

这节课是基于我校体育习性课堂研究背景下的一次探索，习性课堂模式由三个板块组成：习性准备、习性助学、多维习得。坚持"健康第一"的指导思想和以学生发展为中心的教育理念，结合学生生理、心理特点，将运动实践的情境教学贯穿始终，让学生在有趣的情境中，积极主动地学习，使学生乐学、愿学、想学，充分调动学生的学习积极性。本课教学内容是人教版《小学体育与健康》水平三（五年级）技巧单元学习内容。立定跳远是跳跃动作的重点，是发展学生腿部力量和弹跳力的重要手段。让学生在"小精灵学本领"的情境中学会双腿用力蹬地起跳的动作要领，在此基础上鼓励学生大胆创新、积极讨论，能够在游戏中熟练掌握立定跳远的技能，让每一位学生在"玩中学、乐中学、学中思、学中创"，培养学生创新精神和实践能力，发展学生个性和特长，重视学生的全面发展，为学生形成终身体育意识和良好的运动习惯打下基础，使学生真正体会到体育的快乐。

基于课题研究背景及本课的特点，我在教学设计时将以下三点作为教学目标：①通过学习，95%的学生掌握立定跳远的动作要领和该技术的基本练习方法；②发展学生的跳跃能力，提高学生的灵敏与协调性；③培养学生机智果断、遵守规则、友好合作的优良品质。

【教学过程】

（一）习性准备：安全教育，练习队列队形，以徒手操作为热身活动

呈四列纵队，队列整齐，跟随教师播放的音乐充分活动身体各个部位。

组织形式（图1）：

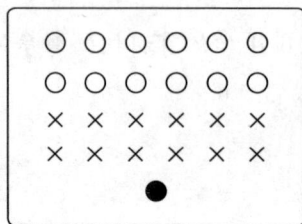

图1

（二）习性助学

1. 情境导入

（1）通过和学生谈话，引导学生想象到大森林里玩，出发的路上会遇到很多好玩的事情。在音乐《蓝色精灵》的伴奏下，学生根据教师的口令模仿各种小动物的动作。

（2）教师利用谜语："小小游泳家，身披绿衣裳，说起话来呱呱呱，小时没有脚，大了没尾巴。"引出动物——青蛙。

（3）引导学生模仿青蛙跳，然后鼓励学生发挥想象并且思考，青蛙是怎样跳远的。

2. 体会练习，掌握动作

（1）讲解动作要领（图2）

① 要预摆，两脚左右自然站立（与肩同宽）。双手向前摆起，两腿保持伸直状态。

② 然后两手尽量往后摆，身体降低重心，两腿向下弯曲。

③ 两脚用力蹬地，同时两臂稍微弯曲往上摆动，整个人向前上方腾空跳起，并充分展体。

④ 落地时，收腹，举腿，小腿往前伸，同时双臂用力往后摆动，然后落地缓冲。

口诀：一摆二跳三腾空四落地。

图2

（2）立定跳远练习要求

① 步调一致，注意力集中。

② 蹬地迅速有力，落地前伸小腿。

③ 跳跃时不能移动脚步，要屈膝缓冲。

（3）"青蛙过河"练习

教师：引导学生按正确的动作要领跳过一定宽度的小河，看谁跳得又远又稳。

要求：起跳时双脚用力蹬地，落地时双脚轻轻落地。

学生：分成两人一组，用绳子摆成小河，互学互练。一人跳，一人评价。按自己能力调整小河宽度，体验动作（图3）。（动作要求：是否双脚起跳，是否双脚落地，是否跳过河。）

图3

（三）多维习得

1. 课课练

（1）开合跳30次。

（2）平板支撑1分钟。

（3）高抬腿60个。

2. 结束部分

（1）教师与学生一起进行放松练习。

上肢运动。

下肢运动。

拍打膝关节。

（2）本课小结（教师和学生一起总结本课的得与失，教师提出以后上课的要求）。

（3）宣布下课，回收器材。

【评析与反思】

（1）"立定跳远"一课，从教学内容上体现了知识性、技巧性、实效性的有机整合。在教学中注重学生间、师生间的展示、对比、评价，将自己融入学生中成为他们中的一员，同时我让学生分组结伴，在相互促进、相互欣赏中一起提高技术动作。让学生在小组学习过程中，积极创想、合作探究，进行立定跳远的练习。学生的积极参与使大家处在良好的氛围中，学习积极性得到了最大的调动。

（2）为了使学生体验快乐和成功并保持较高的兴趣，时刻关注学生学习的态势，及时给予鼓励以及展示空间，使学生能够大胆尝试、积极展示自我。让学生在分组合作中，互相欣赏，显示出学生不再是孤立的学习者，而是愿意与小伙伴一起探究、学习。

（3）这节课中把音乐、语文等资源有机地融入体育教学中，如课堂导入时的《蓝色精灵》，扣住情境"小精灵学本领"，引起学生的学习兴趣，建立一节快乐的体育课；来到池塘边上，利用谜语导入青蛙跳，运用语文知识，开发学生思维。多种有机资源营造出贴近学生心理和生理特点的场景，学习氛围与教师的评价有机地结合。

让学生学会三角支撑倒立方法

——"肩肘倒立"教学案例

中山小学体育科组　李晓婷

【设计思路】

本节课设计贯彻了课程标准的精神，引导学生主动参与学习，把获得新的知识经验，运用到实践中。单元设计是在"技术、体能、运用"三个维度视觉下进行的，确保学生经过肩肘倒立学习后能知道肩肘倒立时三角支撑、保持身体垂直于地面的基本方法，能够做出多种形式的肩肘倒立组合动作的练习，并能在一定技能的基础上坚持较长时间，有了一定的量化标准。教学中努力体现以教师为主导、学生为主体，培养学生独立学习的意识，并且体现"以赛促学"的"赛点"，采用合理、巧妙的单个与组合练习开展学练，旨在通过环境与任务的变化，驱动学生积极参与技巧的练习，最终让学生"懂、会、乐"，拓展课堂教学的宽度与厚度，有效提高课堂教学的效率。

【教学目的】

（1）通过肩肘倒立的学习，让80%的学生掌握与提高肩肘倒立的动作要领，而60%的学生能在保护与帮助下完成肩肘倒立的动作，达成"体健"目标。

（2）通过课课练环节，发展学生下肢及平衡能力，达成"体美"目标。

（3）培养学生互相帮助、锻炼身体的习惯，达成"体勤"目标。

【教学重难点】

重点：压垫伸髋，翻臂夹肘。

难点：展髋绷脚，挺拔伸直。

【教学过程】

（一）习性准备

（1）师生问好，清点人数，安排见习生，讲解本节课的上课内容。

（2）教师组织学生进行自编操练习，拉伸韧带，避免受伤。

（二）习性助学

1. 导入

教师采用提问法提问"什么图形最稳定？"引导学生思考，再以"海狮顶球"增强学生的画面感，培养学生的思维能力。

2. 整体感知

教师讲解示范完整肩肘倒立动作，使学生建立清晰的视觉认知。

3. 创设情境

进入海狮的世界，模仿海狮各种动作，让学生体会身体直立绷直、用力压垫、展髋绷脚和翻臂夹肘的动作要领。

4. 肩肘倒立辅助练习

（1）"海狮卷体"

由直角坐开始，屈膝向后滚动，使膝盖靠近头顶，屈膝向前滚动后再次向后滚动。

（2）"海狮喝水"

由直角坐开始，两手向上贴耳朵后前压，屈膝至头顶举腿翻臀，两腿伸直，臀部夹紧控制方向。

（3）"海狮顶球"

两人一组，一人拿球，一人做动作。

在同伴保护与帮助下尝试肩肘倒立练习：保护者统一站立在练习者右侧，两手握住其脚腕向上提拉，必要时可用膝关节顶住其背部使其充分伸直。

（4）"海狮夹耳朵"

两人一组，一人说"海狮"，另一人在说"夹耳朵"的同时去抓另一人的耳朵。

（三）多维习得

1. 讲解动作要领

两腿伸直并腿坐，上体前屈，胸部靠近大腿，两手触脚面，然后上体滚动后倒，两腿上举，两臂压垫同时腿上伸，迅速屈肘内收，手撑腰的上部（拇指向腰，其余四指托背），伸髋、挺腹、脚面绷直向上方蹬，成肩颈和上臂支撑地面的肩肘倒立姿势。

保护帮助方法：保护者站立在练习者右侧，两手握住其脚腕向上提拉，必要时可用膝关节顶住其背部使其充分伸直。

口诀：一抓（踝关节），二夹（手肘），三顶（背部）。

两人一组练习，每人练习5次。

2. 尝试稳定肩肘倒立

教师再次进行肩肘倒立的动作示范，并让学生观察什么时候伸髋立腰，膝盖到哪个部位开始翻臂夹肘。教师组织两人为一组，让学生统一做练习10次，增加安全系数，轮换练习，进行巡组指导，纠正错误动作。

3. 独立完成肩肘倒立

引导鼓励学生尝试独立完成肩肘倒立的动作。教师边吹哨子让学生统一尝试练习，边强调当膝盖至头顶时，伸髋，伸腿，两肘用力撑垫，两手撑于腰背两侧。

选择优秀的学生进行展示，询问成功秘诀，引出压垫伸髋、翻臂夹肘的教学重点。

注：量力而行，伸腿方向不正，不能一步到位的学生不要单独完成肩肘倒立动作。

4. 提升训练（肩肘倒立）练习

分为四组，每一组分别进行展示，表扬优秀的组别，同时结合上学期学习的前滚翻动作，完成体操组合动作。

5. 课课练+游戏

游戏：绕垫"S"形障碍跑和绕垫"S"形障碍跑加跳绳接力。

游戏规则：

垫子立起来，绕垫子跑，排好队形，跑过去跳绳20个后跑回来拍掌。

对优秀学生或优胜队进行表扬与奖励。

课课练：每个动作做两组。

① 开合跳×50；② 立卧撑×30；③ 双脚跳×100；④ 高抬腿×50。

发展学生的上下肢力量，协调与平衡的素质。

6. 放松操

带领学生听音乐做放松操，拉伸韧带，让学生学会练习后的自我放松。

教师总结，收拾器材，师生互道再见。

【问题与反思】

肩肘倒立属于一个平衡类技巧项目，教学目的是使学生体会身体倒置的体位感觉和运动感觉，提高学生控制身体平衡的能力，发展腕、臂、肩带、腰腹和腿部力量，以问题为主线，以活动为载体，以体验为收获，以情趣为动力，设计和安排了本节课的主要教学目标。本节课从课堂效果看，每一个学生积极主动、认真学习的态度以及优美的动作展示都让我很欣慰，虽然整个教学过程完整流畅、环环相扣，但我知道教学过程中还有很多不足之处。

1. 没有示范出完美的肩肘倒立动作

上课时，应给予学生一个完整且完美正确的肩肘倒立动作，让学生对肩肘倒立有一个完整的、正确的动作概念。但在示范动作时，由于比较紧张，示范动作不够完美，应加强身体素质及柔韧性。

2. 语言组织能力太弱

语言组织能力是我目前最大的欠缺，不能很好地用语言生动形象地组织每一个环节，从而提高学生的学习积极性。语言讲解太啰唆，学生抓不住重点，导致学生练习少，应用简洁的语言进行讲解。

3. 运动强度不够

最后的课课练时间少，活动强度不够大，应多留时间，再进行一次接力障碍跑，增加学生的运动强度。

通过这节课，我的感受是非常深的，充分了解了自己的教学处于什么水平，在今后的教学实践中，我会多听有经验老师的课，认真上好每节课，在教学设计上一定要考虑周全、思维缜密，不能再有疏忽，今后要严格要求自己，取长补短，虚心学习，完善自我。

聚焦学生习性，培养学生品质

——"立定跳远"教学案例

中山小学体育科组　袁　劲

【背景分析】

这节课是基于我校体育习性课堂研究背景下的一次探索，习性课堂模式由三个板块组成：习性准备、习性助学、多维习得。体育课堂主要聚焦培养学生热爱运动的习性，体验自主探究运动技能的学习方式，让良好的习性辅助有效学习，同时，让有效学习进一步促进良好体育习性的形成。积极探究体育习性与运动技能相结合，让学生在操场上展现出自信英姿。

本课教学内容是人教版《小学体育与健康》水平二（三年级）第三部分体育运动技能第四章节跳跃单元学习内容。跳跃是小学三、四年级体育教学的主要内容和锻炼身体的重要手段，主要运用多种形式的单双脚跳、立定跳远、跳远和跳高等内容形式，进一步发展学生的身体基本活动能力。经常参加跳跃活动，不仅可以发展学生的跳跃能力，提高身体的力量、灵活性和协调性，增强身体机能，还可以培养学生不畏困难、积极进取、勇敢果断的意志品质。

【教学目标】

1. 参与目标

能够说出所学项目的名称和意义，初步了解跳跃的基本健身作用。

2. 技能目标

掌握立定跳远的方法，初步具有跳得远、跳得高的意识，发展灵敏、速度、协调和力量等身体素质。

3. 社会适应

在练习中关爱同伴，严守安全常规和游戏规则。在小群体合作学习中培养角色意识、团队精神和社会责任感。

【学情分析】

三、四年级跳跃教材以跳远、跳高为主，是在一、二年级跳跃基本活动的基础上，逐渐过渡到学习急行跳远和侧向助跑跳高，重点让学生体验快速助跑与单双脚起跳相结合的方法。针对实际情况，本课采取了友情分组，这样便于学生利用已有的知识与经验，在小集体内进行自我设计、自我锻炼、自我评价。

【教学重难点】

重点：弹性屈伸与快速有力起跳相结合。

难点：上、下肢动作协调配合。

【教学过程】

（一）习性准备

复习队列队形，提高学生的纪律性与严谨性。通过徒手操与专项准备活动调动学生的积极性，让其形成规则意识。

情境导入：羊村村长慢羊羊邀请同学们参加联欢会，同学们给大家表演队列队形。

成四路纵队站立，队列整齐，精神饱满，跟随教师的口令做队列队形。

组织形式（图1）：

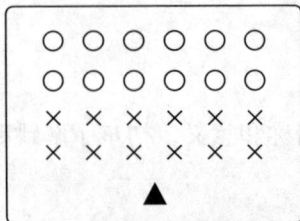

图1

设计意图：体育课习性准备意在调动学生情绪、注意力，唤醒良好的体育规则习性等非智力因素。本节课主要强调规则意识与学生的安全性，即要控制学生的情绪，不可让其过分高涨，所以采用队列队形，让学生慢慢地热身。

（二）习性助学：小组合作探究教学、自主探究练习，学习立定跳远技术要领

师：在上一节课我们已经学习过了单双脚跳跃，那么同学们知道如何才能让自己跳得更远和更高吗？（学生畅所欲言。）

同学们都回答得不错：膝盖弯曲，前脚掌着地，起跳时两臂从下至上摆。

1. 自主探究

师：同学们，老师今天带你们来学习"超人"是如何炼成的，下面分成四个小组，每个小组长带领自己的组员到指定的位置看看我们的任务卡，带着问题学习立定跳远的动作要领。小组讨论，并模仿出任务卡上的动作（图2）。

生：学生进行讨论并模仿立定跳远的动作要领（课前进行安全教育与规则说明）。练习后学生做到快静向教师靠拢，并将小组合作探究教学与自由学习中出现的疑问积极提出来，带着问题继续学习。

2. 教师讲解示范立定跳远的动作要领

练习实践，体验慢慢掌握技术要领的过程。

踊跃发表自己对技术要领的想法，学生思维活跃、畅所欲言，各种不同观点相碰撞，讨论气氛热烈。

教师对学生观点进行总结分析，并通过演示，讲解正确的立定跳远动作要领。（两脚自然左右开立，与肩同宽，上体稍前倾，两腿屈膝，两臂后举，两臂快速前摆，同时双脚用力蹬地，展体收腹，小腹前伸落地缓冲。）

任务卡口诀：

一摆二蹲三起跳，

快速蹬地展身体，

收腹提膝伸小腿，

后跟着地向前起。

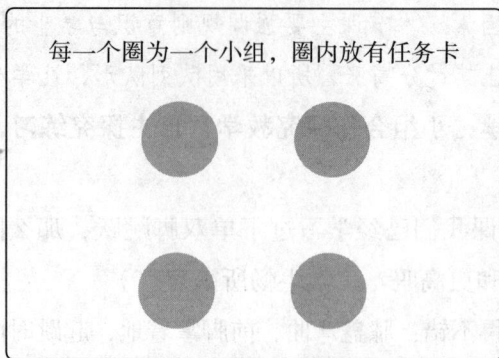

每一个圈为一个小组，圈内放有任务卡

图2

（三）练习实践，体验并掌握立定跳远的技术要领

1. 练习方法

学生两列横队站立（"超人崛起"）。

"高人"练习：学生两腿分开与肩同宽，前脚掌着地手臂上举，（体会前脚掌着地和预摆时的放松）5组练习。

"矮人"练习：学生两腿分开与肩同宽，双膝微屈，手臂后举，（体会膝部弯曲，前脚掌着地准备发力的动作）5组练习。

"高人""矮人"听从教师哨声反复练习5组。

"超人练习"：在"矮人"基础上发力腾空向前上方跳，（体会空中展体与落地缓冲动作要领）5组练习。

2. 组织形式（图3）

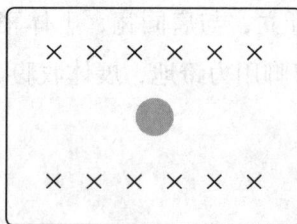

图3

学生根据教师要求认真练习，练习时注意保持前后间隔，保证安全，练完一组后再回到原地继续练习。

教师巡查、纠错。

（四）立定跳远运物

内容：以篮球场端线为起点，以篮球场中线为终点，用立定跳远的方式运羽毛球，哪一组在规定时间内运得最多为胜利的队伍。

【多维习得】

（一）课课练

（1）跪卧撑。

（2）仰卧蹬车。

（3）收腹跳。

（二）放松练习

（1）大臂、大腿肌肉拉伸。

（2）腰腹、小腿肌肉拉伸。

（3）归还器材。

（三）小结

对立定跳远的动作要领进行总结：

口诀：

一摆二蹲三起跳，

快速蹬地展身体，

收腹提膝伸小腿，

后跟着地向前起。

【问题与反思】

（一）他人评价

通过交流观察，开展学生对学生、老师对学生的评价等，树立学生的自信心，培养学生正确与他人交往的习惯，其他学生对练习学生的技术进行评价。

（二）教师评价

教师评价是在学生学习过程中以直观表现评价学生的学习态度，以技术动作来评价学生的实际效果。通过评价与表彰引导学生学习，激发学生学习兴趣，让学生看到自己不足的一面并加以改正，使学生能够准确掌握动作要领。

【教学反思】

1. 激发学生学习兴趣，营造师生互动的民主教学氛围

在本课中，从体育教学内容的选用到教学方法的设计，都十分关注学生的学习兴趣。例如，根据小学生喜欢互动的心理特点，在课堂开始部分教师安排了"小组合作探究教学"，既激发学生兴趣，又集中学生学习注意力。在立定跳远教学前，教师安排学生模仿立定跳远技术的各部分动作，学生乐于共同参与本项活动，为下面的学习做好铺垫。教师也以参与者的身份进入课堂，与学生融为一体，与学生一同参与到整堂课的各项活动中。教学中师生间的平等对话与交流呈现了一种民主氛围，教师的主导作用得到了学生的积极响应与参与，教师的主导地位与学生的主体作用得到充分的发展和肯定。

2. 重视改变学生的学习方式，提高学生探究学习能力

新课程重视学生学习方式的转变，实际上是体现了"以学生为中心"的教育思想和理念，有助于培养学生的创新意识和能力，有助于促进学生的个性发展，提高学生体育学习和锻炼的能力。在本课教学中，教师从自主学习入手，设计了学生"小组探究—尝试练习—带着问题练习—提高练习—比赛练习"等教学环节，练习中学生们互相观察、互相学习、互相帮助，在自主学习的环境中进行相互学习，在练习中表现出各种各样的动作。教师及时提出"要多动脑筋、多思考、多讨论、勤练习"等练习要求，从而把学生引入探究学习的环境中来。学生在教师的提示下，以"超人崛起"为导入，在教师精练语言的引领下，学生练习的主动性和积极性高涨，使课堂气氛达到了高潮，从而有效达成了课堂目标。

4

音乐科组教学案例

营造习性感悟意境，助力学生情感表达

——"送别"教学案例

中山小学音乐科组 陈 晨

【背景分析】

在陈校长主持的"习性课堂模式构建"课题研究的引领下，我校课题组进行了充分的理论学习及大量的课堂实践活动，摸索出以"六习"课程观为指南，以"习性准备—习性助学—多维习得"为架构，以学生自主学习为主线，以帮助学生管理情绪、养成良好学习习性、促进有效学习、使习性与学习相辅相成、提高课堂效率为目标的课堂模式。

为进一步推动习性课堂模式的发展，我校积极推动青年教师参加习性课堂竞赛活动，我所上的音乐课是选自花城版三年级下册的《送别》。《送别》是电影《城南旧事》的插曲，作曲家李叔同作于1915年，它是朋友间挥手相送的骊歌。这首诗歌体现出朋友间一种依依不舍的诚挚感情，所以希望将这种情感传递给三年级的学生们，希望以珍惜为载体来引领学生精神成长，以习性课堂对学生进行习文、习艺的教育，让学生在理解歌词中感受、了解友情、亲情的深意，在潜移默化中树立正确的人生观和情感价值观。

基于课题研究背景及本课的特点，我在教学设计时将以下四点作为教学目标：①学唱《送别》，能用优美深情的声音表达歌曲情绪，了解学堂乐歌；②通过演唱和对歌曲的艺术处理，提高学生的音乐表现力，让学生进一步体会、理解歌曲所描绘的意境；③感受歌曲情绪，在潜移默化中学会珍惜彼此的友谊，将音乐转化为自己情感的表达，培养音乐独立性思维；④准确把握歌曲的音准、节奏、情感，在此基础上，吹奏口琴为歌曲简单伴奏，在合奏中学会合作，提升表演能力及音乐综合素养。

（一）习性准备

（1）课前准备：学生坐端正，书、口琴摆放整齐。

（2）师生问好歌，学生通过良好的习性准备养成良好的唱姿、坐姿。

1=C　4/4　12 3 | 34 5 | 56 54 | 32 1||

同学们　你们好　陈老师　你　好！

（二）习性助学

1. 激趣导入

（1）聆听口琴演奏《送别》，学生初步感受歌曲的情绪情感。

（2）学生带着律动聆听《送别》，感受节拍、强弱规律，进一步加深对歌曲的印象。

（3）引出歌曲《送别》，了解歌曲创作背景。

2. 歌曲学唱

（1）学生深情朗读歌词，认识生字。

（2）带着感受，初步完整聆听。

（3）画旋律线，感知旋律走向。

（4）认识曲式结构。

（5）再次聆听歌曲。

（6）演唱旋律。

（7）完整演唱歌曲，学生说一说自己所理解的离别。

（8）带入情感演唱歌曲以及歌曲处理。

（三）多维习得

（1）歌曲创作介绍，作者介绍。

（2）教师总结。这节课你学到了什么？

【情境描述】

（一）口琴练习导入

1. 发声练习

师：同学们，我们先来做个简单的练习。看好歌谱，一个小节四拍，注意每一行结尾的休止符，那个小节唱三拍。预备起！（学生演唱乐谱，发声练习。）

2. 口琴练习

师：我们用口琴来试试，吹之前请注意，请仔细看谱子，配合好你的吸气、呼气，找好口琴对应的音。（学生拿口琴吹奏乐谱。）

师：同学们很棒，接下来看看陈老师的演奏。（师用口琴吹奏《送别》。）

师：刚才我在做什么？

生1：用口琴给这首歌伴奏。

师：你们来试试？（学生用口琴给《送别》二声部合奏。）

师：这首歌曲是几拍？

生2：4/4拍。

师：4/4拍以四分音符为一拍，每小节4拍（生齐答）。4拍的强弱规律是怎样的？

生：强弱次强弱。

3. 引出课题

师：这首歌创作于19世纪80年代，也就是100多年前的学堂乐歌，当时的学校的叫学堂，学堂里面的音乐课叫乐歌，这首学堂乐歌叫作《送别》。

设计意图：激趣导入，学生用吹奏口琴融入课堂当中，先用简单的单音吹奏训练学生口眼手的配合协调能力，调动学生情绪和课堂氛围，为第二、第三环节的教学打下音乐基础。

（二）歌曲学唱

1. 初步完整聆听，感受情绪、情感

师：学唱这首歌前，老师要考考你们的聆听能力，请边听边给下列图片排序，这个顺序我打乱了。

生：长亭外，古道边，芳草碧连天，晚风……

师：你们的耳朵很灵，听完后你们感受到歌曲表达了一种什么心情吗？一种什么情感吗？为什么？

生：悲伤的，深情的。

设计意图：培养学生聆听的好习惯，学生初步感受歌曲的情绪情感，聆听作为学习引线，贯穿整个课堂。

2. 学生深情朗读歌词，认识生字

师：带着你们感受到的情绪我们一起来朗读，注意两个生字，（hu zhuo）

跟我一起朗读，你们觉得用什么样的情绪朗读合适？

生：悲伤、深情的。

3. 画旋律线，感知旋律走向

师：是的，100多年前山路崎岖，交通不便，隔着千山万水，朋友一别很难再见了，接着请你们来画旋律线，什么是旋律线？看看旋律线像什么？

生：像山。

师：太对了，我们一起画着旋律线沿着山路一起找找朋友吧，拿出你的右手，跟我一起。

4. 认识曲式结构

师：我们看看6句乐句中有没有相同的乐句？

生：有！第一句和第五句，第二、第四、第六是一样的。

师：观察得很仔细，有一句和别的完全不一样的乐句是哪句？

生：第三句。

师：所以这首歌曲式结构是怎样的？

生齐答：ABCB`A`B`。

5. 再次聆听歌曲

师：请你们再次聆听，看看旋律缺少了什么？你能不能帮我把这些音听出来？（提醒学生有休止符，唱三拍。）

设计意图：引导学生去发现，培养主动思考的音乐习性和音乐能力。

6. 师生接龙演唱旋律

师：我把旋律分成两个部分，黑色是我，红色是你们，准备，（生演唱，演唱完一、二句后提出要求）跟我接龙演唱，我有要求，首先音准，其次你们唱的音跟我要相连的。（教师示范演唱。）

师：换种方式考查你们，依旧黑色是我，红色是你。（熟悉乐句。）

设计意图：本课关键环节，教师逐步指导、范唱，带动学生情感演唱，在师生互动、生生互动的环节中学生潜移默化地完成准确演唱。

7. 完整演唱歌曲，引导学生说一说自己所理解的离别

师：我们常说送君千里，我们就用歌声来送别朋友，挺胸，吸气，用气息支撑高位置轻声唱歌，长亭外——古道边——（教师示范）把声音送到额头这个小房子，声音要缥缈一些。

学生完整演唱。

师：请同学们说说你所理解的离别是怎样的？或者你有没有经历过离别？

生1：有一年我妈妈回老家考驾照，我们分开了两个星期……

生2：我转学了，和我最好的朋友分离了……

生3：我在老家养了一条小狗，回深圳它不能坐飞机，我们就分别了……（边说边流泪。）

师：谢谢你们的分享，你们感触很深，老师也很有感触，作者同样也有相同的经历。

设计意图：学生在演唱和对歌曲的艺术处理中，提高了对音乐的理解力和表现力，借助歌曲表达转化为自己的思想情感，激发了音乐独立性思维。

8. 歌曲创作介绍，作者介绍

这首歌的曲、词作者有两个人，美国人写曲，词作者是中国著名音乐家李叔同，他曾在日本留学，他很早就向我们国家传播西方的音乐，他写的《送别》是家喻户晓的经典名曲。背后还有个故事：一个大雪的夜晚，他的好朋友许幻园来到他家说自己破产了，将要远走他乡，说完在大雪的夜晚离去。李叔同在大雪里站了一个晚上，怀着悲伤的心情写下了《送别》。

9. 歌曲处理

师：同学们你觉得哪句最能表达内心最深厚的情感，为什么？

生：天之涯，海之角，知交半零落。因为这句话是说天地这么大，我的朋友寥寥无几。

师：说得太好了。我们把这种情感带到歌曲中，强弱演唱处理能帮助表达歌曲的情感，请注意换气符号、渐强渐弱符号。我们一起来试试。

学生有感情地完整演唱。

设计意图：能用自然、优美的声音去表达情绪情感，深刻地感受作者及歌曲的思绪别离，得以共情，更能懂得珍惜，潜移默化中同学间更加有爱地相处。

【拓展延伸】

1. 口琴与演唱的合奏表演

师：每个人都会遇到离别，这是令人伤感的，所以我们更应该珍惜亲人、老师、同学，及我们所拥有的一切，怀着一颗感恩的心。好，我们今天用了不同的方式去学习《送别》，有口琴，有演唱，我们把它们结合起来，用合奏的方式来给今天的听课老师展示一下。

学生用口琴合奏的方式有感情地演唱。

2. 教师总结

师：这节课你学到了什么？

生1：我会唱《送别》这首歌，理解了它的含义……

生2：我知道了作者李叔同……

……

设计意图：多维习得是一个教学效果的预期，本课我引用小乐器——口琴贯穿教学，不仅让学生在歌曲上对音准、节奏、情感有了准确把握，而且增强了学生口、眼、手的协调配合能力，学生在合奏中学会了合作，提升了表演能力及音乐综合素养。

【板书设计】

曲式结构：ABCB`A`B`

【评析反思】

《送别》这首歌曲是一首大家耳熟能详、传唱至今的学堂乐歌，也是首次出现在本册教材中。小学三年级的学生学唱歌曲旋律难度并不大，最大的难度在于体验歌曲的情境，表达歌曲的情感。通过本课的教学做以下几点反思：

（1）上课开始，我以《送别》的器乐曲（口琴演奏）作欣赏，使学生较快地体验并感受歌曲，紧接着伴随乐曲吹奏口琴二声部、欣赏部分图片分别从歌曲内容和主题两方面来展现。在进行体验和欣赏的同时，使学生较快地熟悉了歌曲的旋律，为后面歌曲的学唱以及情感的把握奠定了基础。但同时我也遇到一个问题：在欣赏和体验的过程中，有部分学生已开始跟音乐进行了学唱，这会影响到欣赏的目的，应在进行之前做好指引。

（2）在新课教学开始的时候，我选择从歌词入手，进行了带感情的诗朗诵，并带领学生把握好语速与换气，用诗歌带领情绪。引导学生画旋律线——分析曲式结构，这几步环节激起了学生的求知欲和兴趣，在前后三次聆听后，让学生跟随音乐、不带歌词进行了旋律演唱，我来指导学生音量和歌唱情绪的控制。孩子们聆听了教师的范唱，更直观地了解了这首歌曲，并跟随范唱进行学唱以纠正个别小的错误。此部分进行得相对比较顺利，对个别节奏和音准的错误做了及时纠正。

（3）处理歌曲演唱时，跟钢琴伴奏进行了演唱，处理了乐谱中的休止符和不易把握的节奏，并对乐曲的创作背景、人物背景进行讲述，让学生更深刻地理解歌曲的内容和意境，但由于旧时代与现在相距太久远，没有亲身经历，学生无法深入地理解。这个问题的出现使我反思到，可以从他们的经历角度出发，转化成他们的经历，在学生带泪说自己的亲身经历的时候，把握当时的情绪情感，化被动为主动，把握全曲的情绪变化（主要表现在声音的控制和情感处理上）。

（4）歌曲分析完后，让学生分别跟随钢琴伴奏和音乐伴奏进行了全曲的演唱，在跟随音乐伴奏演唱时，指导学生把握节奏，辨别了音乐伴奏的前奏和间奏，最后对学生进行了引申教育，要珍惜朋友、亲人，珍惜所拥有的。

纵观全课，教学任务已基本完成，时间控制相对较好，但是在培养学生的审美能力和情感体验方面还需加强，歌曲的处理和准确性上要做到更精细，要不断学习，丰富教学语言，在教学过程中要时刻注意学生动态，拥有随机应变的能力，上好每一节音乐课。

感受习艺之美，畅游音乐海洋

——"小斑鸠对我说"教学案例

中山小学音乐科组　宣倩怡

【背景分析】

这节音乐课是基于我校"习性课堂模式构建"课题研究背景下的一次探索，习性课堂模式由三个板块组成：习性准备、习性助学、多维习得。课堂聚焦培养学生良好的学习习性，掌握有效的学习方法，让良好的学习习性助力有效学习，反过来，让有效学习进一步促进良好学习习性的形成。良好学习习性与有效学习相辅相成，在课堂中奏出美妙音符。

《小斑鸠对我说》这首歌曲曲调优美、旋律动听，活泼的节奏表达了少年儿童积极向上的精神。歌曲采用2/4拍，将斑鸠拟人化，形象地体现出了孩子与斑鸠的对话，要让学生将"词意"与"音乐情绪"较好地结合，这样才能体现这首歌的意境，表现出斑鸠活灵活现的音乐形象。

基于课题研究背景及本课的特点，我在教学设计时将以下三点作为教学目标：

（1）让学生能够理解《小斑鸠对我说》这首歌曲的歌词内容，并能有感情、有表情地完整演唱歌曲。

（2）①能够准确地演唱歌曲中出现的 XXX 和 XXX 节奏。②能够在歌曲第三乐句用动作帮助在间奏的部分准确地停顿，准确演唱歌曲第三乐句。

（3）能在歌曲教学中培养学生对小动物的喜爱之情，明白动物是人类的好朋友，我们应该爱护它。本节课"习性"目标为，在学生学会演唱歌曲后能够通过小组合作为歌曲创编歌词，引导和培养学生善于合作和实践创新的良好习性。

【教学过程】

（一）习性准备——师生唱歌问好

（1）引导学生用歌曲中1 2 3 3和2 1 5 5的旋律师生问好：

师：1 2 3 3　同学们　好

生：1 2 3 3　宣老师　好

师：2 1 5 5　同学们　好

生：2 1 5 5　宣老师　好

（2）师：同学们的声音真好听，哪位同学能把刚才问好的节奏拍出来？

生：略。

（3）师出示XXX X节奏卡片，学生打节奏。

设计意图：用唱歌的师生问好方式拉近和学生之间的关系并做好上课准备，养成音乐课课前准备的显性习性，并让学生在问好的过程中复习前十六后八的节奏。

（二）习性助学——学习歌曲《小斑鸠对我说》

（1）初听歌曲伴奏，学生随教师律动感受歌曲情绪，体验XXX X的节奏在歌曲中出现的位置。

师：看来之前学过的节奏同学们掌握得很好，今天宣老师见到同学们非常开心，先让我们跟着欢快的音乐一起来活动活动吧，在这首歌曲中也会出现XXX X的节奏哦！

生：略。

（2）复听歌曲伴奏，体验2/4拍的强弱规律。

师：我们跳得真开心啊，这么活泼欢快的歌曲你听出来是几拍子吗？

生：略。

师：2/4拍它的强弱规律是什么？谁能用动作来表示？

生：略。

师：让我们跟着小老师听音乐一起感受一下2/4拍的强弱规律吧！

（3）能够在歌曲第三乐句用动作帮助在间奏的部分准确地停顿，为后面的演唱做准备。

师：同学们你们听，是谁发出的叫声？（播放小斑鸠的PPT和录音。）

师：同学们，可怜的小斑鸠受伤了，它可是我们的好朋友，我们要不要帮帮它啊？

生：略。

师：你们能不能用身体或者道具模仿小斑鸠挥动翅膀的声音？

设计意图：让学生发挥想象力寻找声源，培养学生想象和创造的隐形习性。

生：略。

师：你们的办法可真好，可是练习飞翔需要飞翔口令，谁能用一个词语来鼓励一下小斑鸠？

生：略。

出示课件。飞翔口令：准备好12，（　　　）12（　　　）12！

师：我们帮助小斑鸠练习的速度是由慢到快的。（练习三遍，边唱边做。）

设计意图：将小斑鸠拟人化，激起学生的爱心来帮助小斑鸠，同时用歌曲的第三乐句旋律练习飞翔口令，让学生在游戏当中学会第三乐句的旋律，同时能够在挥动翅膀的动作下帮助学生在间奏的部分准确地停顿解决歌曲难点，培养学生认真倾听的好习性。

（4）带歌词完整欣赏歌曲——听听小斑鸠对我们说了些什么？

师：小斑鸠在同学们的帮助下成功地飞起来了，它好感谢同学们，有好多话想对我们说，让我们听听它都说了些什么。这也是今天我们要学的歌曲《小斑鸠对我说》。

出示PPT歌曲重点词语。

（5）复听歌曲——找出歌曲中哪个乐句是练习飞翔的乐句。

（6）学唱歌曲第三乐句。（提示学生括号里的间奏不唱，做小斑鸠挥动翅膀的动作。）

（7）师生接龙唱歌谱。（生唱红色部分，师唱绿色部分。）

（9）学生随琴填词。

设计意图：能够随琴唱准歌曲，建立准确音高的好习性。

（10）歌曲处理。

① 找出"服、咕、福、书、苦、五、足"等字的韵母"u"音，提示学生演唱时要嘴圆，喉咙放松。学生唱歌曲第一段巩固发音。

② 找出歌曲中的疑问句该怎样演唱，并加上动作。

（11）看图忆歌词，巩固歌曲。

（三）多维习得——拓展创编

1.师举例让学生创编部分歌词，引导学生自主创编

师：小斑鸠们你们唱得真好，宣老师都没有听够呢！今天有一名同学帮妈妈洗衣服，小斑鸠们你们会对他说些什么呢？

生：略

2.分小组创编歌词，并演唱

师：小斑鸠就像一位小老师一样，时刻提醒着小主人，如果你是歌曲中的小主人，你认为小斑鸠会对你说什么？请同学们小组合作（5分钟），每个小组分别创作一段小斑鸠说的话，请你们把小斑鸠的话写下来，唱出来！

设计意图：在学生学会演唱歌曲并理解歌曲内容的基础上，小组合作结合自己的情况为歌曲创编歌词，发挥自主创编的能力，引导和培养学生珍惜时间、善于合作和实践创新的良好习性，落实习性教学目标，提升学生核心素养。

3.分小组演唱展示，评价

组内评、师生评。

【评析反思】

《小斑鸠对我说》是首曲调欢快的曲子，在歌曲教学过程中，师生问好创设情境，让学生在师生互动的过程中掌握和区分XXX和XXX的节奏，解决歌曲节奏难点。在教学过程中为了激发学生的学习兴趣，让学生感受斑鸠活灵活现的形象，我把小斑鸠拟人化，整个教学过程都贯穿在故事里进行，让学生乐学、爱学，通过童话式的教学使学生很热情地投入教学中，并能用优美的声音声情并茂地演唱。

拓展部分在学生学会演唱歌曲并理解歌曲内容的基础上，小组合作结合自己的情况为歌曲创编歌词，发挥自主创编的能力，引导和培养学生珍惜时间、善于合作、实践创新的良好习性，很好地落实了本节课的习性教学目标，提升学生核心素养。本节课好习性培养见表1。

表1

显性习性	隐性习性
演唱时良好坐姿	认真安静地聆听
能用自然、优美的声音演唱	敢于想象、善于创新实践
发言声音洪亮，表达清晰	乐于合作
小组合作有序、不吵闹	—

探索习性课堂教学，助力学生终身发展

——"牧场上的家"教学案例

中山小学音乐科组　周　娟

【背景分析】

《牧场上的家》是一首旋律优美、感情丰富的美国乡村儿童歌曲。它给学生们勾勒出一幅在美丽的牧场上，美国少年儿童自由自在生活的画面。歌曲是三拍子，节奏匀称，曲调抒情优美，结构为单二部曲式，由四个乐句组成。其中有三个乐句材料相同，仿佛在向大家诉说着牧场的美，第四乐句再现第二乐句，表现对家的依恋，将歌曲推向高潮。它使人们完全沉浸在这美丽的家园情景之中，表达了人们对家里甜美生活的热爱情感。

【教学目标】

（1）通过用平稳、悠长的气息和柔和、连贯的声音富有表情地歌唱的方法，培养学生用优美的声音歌唱的习惯。

（2）学习弱起小节的含义和其在音乐中的表现效果。

【习性目标】

教师用启发式的方法培养学生用优美的声音演唱歌曲。

【教学重难点】

重点：提高学生对音乐的审美能力，让他们热爱自己的家乡。

难点：①弱起小节的学习；②长音的延长时值。

【教学过程】

（一）习性准备

（1）我们每个人都有个温暖的家，家是我们每一个人的港湾，是我们生活的依托，在美国的乡村有个同样温暖的家庭，让我们看看他们的家有哪些成员？他们家有什么美景？

（2）观看课件。

（3）师生交流。（他们家在草原，他们家有水牛、小鹿、羚羊，那里是快乐的天堂。）这位美国小朋友的家真是快乐的天堂啊！瞧！他们还在小院里唱起了家乡的歌。我们和他们一起学吧！

出示课题：牧场上的家。

设计意图：教师用提问法激发学生的学习兴趣，培养学生认真聆听的习惯，以听促唱。

（二）习性助学

聆听录音范唱，让学生感受歌曲的情绪。

1. 学习曲调

（1）观察曲调。向学生提出学习时应该注意的问题（弱起小节、连音线、附点四分音符等）。讲解不完全小节和弱起小节：第一个小节同我们以前认识的有什么不同？（想想这样的小节应该弱唱还是强唱？它的不完全部分上哪儿去了？）（末尾）这样的小节就叫弱起小节。

3/4　<u>XX</u>　｜　XXX　｜　X - <u>XX</u>　｜　X　X　X　｜　X- ‖

从弱拍或次强拍起的小节叫作弱起小节（或称为不完全小节）。

（2）想想以前我们在音乐课中唱过或听过的歌曲、乐曲有哪些是从"弱起小节"开始的？举几个例子。

（3）先学第一部分。

①听琴、划拍。

②老师有重点地辅导。

③听唱第一遍：听琴、划拍、心里唱，听唱第二遍：听琴、划拍、唱出声。（培养学生认真聆听的习惯，以听促唱。）

④完整唱一遍。

（4）学第二部分。用同样的方法学习。

（5）完整、准确唱全曲。

设计意图：通过师生合作、生生合作的方式解决歌曲中的问题。

2. 歌词教学

（1）全班准确、有感情地朗读歌词。（思考：歌词表达了美国小朋友对自己家有怎样的感情？对家的无限热爱之情？）

（2）填入歌词。要求：①歌词要与音对准；②不要忘记曲调。先填第二段，解决唱法，再加第一段歌词。

（3）完整、准确唱歌曲。

3. 歌曲处理

（1）启发学生：你觉得应该用什么样的声音来表现小朋友们对牧场上的家的热爱呢？你能边唱边想象歌中描绘的美丽牧场上的家吗？用你们的声音告诉老师，好吗？

（2）带着你想象的歌曲描绘的意境，有感情地齐唱《牧场上的家》。

4. 曲式分析

这是一首广泛流传的美国田园牧童歌曲，四三拍，大调式，旋律优美、流畅。歌曲为再现的单二部曲式结构。第一部分由两个重复变化的乐句构成，舒展的节奏，曲调在平稳中起伏，使旋律优美而又有荡漾之感，描绘了绿草茵茵的宽阔牧场，水牛、小鹿、羚羊的欢跳及夜幕下星星闪烁，牧场在宁静的夜晚中的美丽景象，富有诗意。第二部分在上移五度跳进后，以宽松的节奏展开，使得曲调更加优美而又抒情。它不仅表现了开阔空旷的家园意境，而且还抒发了人们对牧场家园的赞美之情。最后的乐句，再现了歌曲第二乐句的旋律，曲调又趋平稳，它使人们完全沉浸在这美丽的家园情景之中，感受和表达了对可爱的甜美生活的热爱情感。

（三）多维习得

创编歌词：同桌合作创编一段热爱家乡、歌颂家乡的歌词，使情感得到升华。（附：教师自编歌词。）

改编展示：学生试唱自己的改编曲。鼓励学生改编曲。

小结：改编也是一种创作，可以结合日常生活作词。

设计意图：培养小组合作及探究的能力，通过歌词的创编，培养学生热爱家乡的感情。

【问题与反思】

本节课以聆听音乐、感受美国乡村音乐的风格为主。上课伊始让学生聆听歌曲伴奏，感受美国乡村音乐的风格，学生马上进入了情境，投入状态。在学习弱起小节的演唱及附点四分音乐的演唱中，我利用智慧校园教学，激起学生的兴趣，让学生在玩中学、学中乐，化难为简地解决了难点。在处理歌曲感情的时候，我让学生观看图片，感受美国朋友热爱家乡、愉快的情绪，并让学生用歌声和表情来体现美国朋友的心情，学生马上就掌握了热爱家乡的情绪。为了让学生更好地掌握美国乡村音乐的曲式风格，在这节课上我结合教学内容以聆听为主题，让学生在聆听的基础上感受，在感受基础上表现，在表现的基础上升华。设计了拓展这个环节，让学生聆听几首不同内涵的美国乡村歌曲，在聆听的时候感受歌曲的节奏乐的特点。

第五章

5

英语科组教学案例

英语绘本"绘出"课堂精彩

——"Guess!What are these?"教学案例

中山小学英语科组　陈灵灵

【背景分析】

本节课是基于我校"习性课堂模式构建"课题研究背景以及核心素养视野下，借助绘本Guess! What are these?进行的一次英语绘本阅读教育教学实践。英语核心素养包括语言能力、文化品格、思维品质和学习能力四个方面，这节课结合英语绘本，通过运用习性课堂模式（习性准备、习性助学、多维习得）充分发挥英语绘本教育在核心素养培养方面的优势，极大地提升学生的语言能力以及文化品格，达成习文、习智、习艺、习礼的目标。

本绘本学习主题是："Guess! What are these?"这一绘本包含词汇如常见的蔬菜（pea, green pepper, potato→potatoes等），以及蔬菜可以"变身"成的物品（dragonfly, frog, mouse等）以及名词复数形式（dragonflies, frogs, mice等）。本绘本涉及句型和语法有：一般疑问句Are these...?的问句以及肯定回答Yes，they are. 和否定回答No，they aren't.等。在本绘本的学习过程中，不仅要注意新旧知识的有机整合，还应顾及对学生语言能力要求的递进训练，将学生听说能力的训练逐步转向听、说、读、写、练、用等综合技能的训练与培养，从而真正实现阶段目标。

通过学习本课，学生将习得以下分述的语言知识和能力目标，以适当的策略参与和体验目标语的学习过程，在情感上提升对英语学习的兴趣。

1. 语言知识目标

通过讨论What vegetables do you like? What are these vegetables? Are these Vegetables? 这一系列问题，学习、理解并运用本单元核心词汇。

2. 语言技能目标

能运用核心词汇和句型，询问他人是什么物品；让对方猜测是什么物品。

3. 学习策略目标

通过Let's listen和Let's learn的故事文本以及简单文本听、看与观察，摸一摸、闻一闻、猜一猜、填空、retell等教学方法帮助学生学习，谈论绘本故事的同时，激发学生学习英语的兴趣。

4. 情感态度目标

通过独立思考、自主探究，与同学的交流、合作学习，增进同学间的友谊。通过学习故事培养学生阅读能力，学习如何总结故事，培养善于思考的精神。通过画画、写作培养学生跨学科意识，提高语言的综合运用能力。

5. 文化意识目标

初步培养学生与同伴的合作、自主探究学习的习惯。通过趣味蔬菜故事的学习，教育学生饮食均衡健康，培养良好的生活习惯。

【情境描述】

（一）习性准备：歌曲Veggie调动情绪

目的： 激活新知，拓展知识。

教师教法： 提出问题以及话题相关词汇。

T: Good morning boys and girls. Before the class, let's enjoy a video. Then tell me what is it about? What vegetables do you like? What are these?

学生学法：

Ss：Good morning! I like tomatoes. They are vegetables.（Cucumber...）

（二）习性助学：呈现归纳新知

目的： 初步感知绘本。

教师教法： 播放绘本Guess! What are these? 录音。

T：What vegetables can you hear?

学生学法： 以问题为导向认真地听、回答。

Ss：Green pepper, Potato, pea...

目的： 调动学生五官学习新单词、新句型。

（1）嘴巴说——自然拼读法记忆单词。

（2）开口操练——Pair work操练巩固句型。

（3）鼻子闻与动手摸——实物感知，激发兴趣。

（4）耳朵听——学生听动物叫声开动脑筋猜一猜。

教师教法： 展示图片单词及音频，结合phonics学习新词+造句。

（1）听录音回答填空。

T：What are these?

Are these...?

（2）Pair-work—

T：One students ask and the other answer，then we will see the demo.

（3）T：Come and touch the things in my bag. Guess!

T: I have a riddle for you. They are green.

They can jump.

（4）T：Listen! What are these? Are these potatoes?

学生学法： 学生根据音频，认真听、读、问。

（1）Ss: A: What are these? Are these pea?

B:Yes,they are..

（2）S1：What are these? Are these...?

S2:Yes, they are./No, they aren't.

（3）学生摸一摸、闻一闻后问出问题。

S：What are these? Are these green peppers?

S：Yes, they are. No, they aren't. They are frogs.

（4）学生听与猜。

S1：Are these potatoes?

Yes, they are.

S2: Wow! They are mice.

（三）多维习得：巩固与活用新知

目的： 小组合作共创作。

教师教法：

（1）教师让学生自主选择任务。T: Choose the worksheet you want.

（2）教师做示范，组织学生小组合作，给予时间准备、指导。

T：Step1：Look!

Step2：Write.

Step3：Draw.

Step4：Read and show.

学生学法：

（1）根据难易程度选择任务单。Ss：I choose the...

（2）学生根据老师的示范进行小组合作完成内容说明，最后展示。

S:What are these?

Are these...?

Yes, they are./No, they aren't.

（四）习得梳理

本次教学对象是三年级学生。通过前两年的英语学习，学生已经积累了一定的词汇量，习得了一些基本的听说、会话能力，具备了一定的通过阅读文字和图片获得信息的能力。同时在以前的学习中也涉及了对蔬果的表达。尽管学生现有词汇量有限、句型不够丰富，但是他们可以通过老师创设的有意义的活动以及小组间讨论合作，完成各种知识的迁移应用。以上潜在积累的语言知识与技能为本绘本的学习做好了铺垫。本课设计的系列活动，帮助学生学习关于Vegetables的重点词汇，操练本单元重点句型，如活动一：带领学生认识理解Vegetables相关词汇；活动二：让学生根据图片、视频、重点单词、句型复述故事；活动三：让学生运用单词与句型来设计故事新的结尾即创编新结尾。"Vegetables"对学生而言是一个比较新的话题。之前并没有过多地涉及对该种类型话题的讨论，因而学生们对于vegetables的表达还存在困难。但是"Vegetables"中涉及的蔬菜又与学生日常生活相关，同时也是一个让学生有话可说、乐意讨论的话题，这些知识储备都对本单元的教学提供了帮助。

【评析反思】

1. 内容处理

本节英语绘本阅读课，主要教学目标是故事的理解和阅读技巧的提升，教授的内容为绘本Guess! What are these?，其中涉及vegetables相关词汇和句型What are these?...的操练，在分析理解故事的基础上引导学生对故事内容形成整体性理解以及剖析细节。三年级的学生在前两年已经掌握了一定的词汇量，对一般疑问句型也比较熟悉，所以本节课，我根据教学内容，在教学设计上做了一些调整，重点训练学生们完整表达句子的能力以及语篇能力。通过设计不同的小任务和简单的文本让学生通过听、说、读、写等不同形式强化重点词汇和重点句型，最后达到对文本的输出。从课堂表现情况看大部分学生在Draw and write展示中都能成功输出一段文本，能自由表达自己对故事的改编。

2. 学法指导

在学法指导上采用递进式的学习指导，我通过自然拼读的教学方法，逐步引导学生通过拼读掌握单词的正确发音。利用听抓关键词、文段分句模仿、文本填空等方法让学生深刻感受故事的逻辑结构，让学生的学习从半自主向自主递进。在对重点句型操练方面，我设置了各种小任务，如listen，read，listen and say，four students in a group，read by yourself等方式让学生在输出语言的过程中以不同形式巩固本课的重点知识。其中巧妙运用各种思维导图教会学生逻辑思考，注重有条理性的逻辑思维的养成。

3. 情感教育

在情感教育方面，我让学生在课堂活动过程中通过同桌讨论、小组合作的方式完成各项任务，并做成果汇报。让学生在参与的过程中体会到集思广益的重要性，体会到伙伴间合作交流的重要性，明白齐心协力有助于一件事情的完成，从而增进学生间的默契与情谊。还能通过蔬菜的学习教育孩子养成均衡饮食的习惯，引导孩子做到不挑食，让孩子健康成长，并且弘扬中国饮食文化，在一定程度上拓宽了学生的文化视野。

激趣外语课堂，落实习性培养

——"Where is my fish?"教学案例

中山小学英语科组　王淳淳

【背景分析】

本课时是牛津英语4A M4的内容，这一单元的学习主题是places and activities（位置与活动），在"习性课堂模式构建"课题研究成果的指导下，我从习性准备、习性助学和多维习得三个板块出发设计本节课的教学，以歌曲导入，设计具有层次性和递进性的课堂教学活动，旨在落实具体的语言知识教学目标，培养学生在轻松好玩的外语课堂中的良好习性，让学生在玩中学、学中玩，在一学一玩中，促进自我良好习性的养成。

本次教学对象是四年级学生。通过前三年的英语学习，学生已经积累了一定的词汇量，涉及了对地点和位置的表达，也习得了一些基本的听说、会话能力，具备了一定的通过阅读文字和图片获得信息的能力。因此，他们可以通过教师创设的有意义的活动以及小组间的讨论合作，来完成对位置表述话题的理解以及知识的迁移应用。以上潜在积累的语言知识与技能为本单元的学习做好了铺垫。

在第一、二课时中，孩子们已经初步学习了介词in，on，under，beside的用法，能够初步运用Where is it? /Where are they? 询问物品的位置，并用It's/They're...回答。

本课为第三课时，教学内容为"Where is my fish?"是在一、二课时基础上设计的拓展课时，旨在让学生欣赏故事的同时，更加熟练地在真实语境中感受和运用方位介词in，on，under，beside，以及新学拓展词汇behind和in front of。

【教学目标】

1. Language knowledge and skill（语言知识与技能）

（1）Most students are able to have a good command of the new learning words: in, on, under, beside, behind.

（通过学习故事，在故事中熟练运用本单元的核心词汇：in，on，under，beside。）

（2）Most students are able to use patterns "Where is it? Where are they? " and "It's.../They're..." to describe the location.

（大部分学生能运用核心句型 "Where is it? Where are they? "和 "It's/They're" 来描述位置。）

（3）They can learn the story and read the story by themselves at the end of the lesson; some students can retell it.

（通过阅读故事 "Where is my fish?" 了解故事大意并复述。）

2. Learning strategy and ability（学习策略和能力）

（1）Many students are able to get more information through Q&A and "listen and write".

（多数学生能通过问答和听、填信息的形式来获取信息，提高信息获取技能和能力。）

（2）Many students can draw the mind map of the story and try to retell the story on the base of it.

（多数学生能够通过思维导图，以故事中各角色的位置变化为主线，运用自己的语言生动形象地描述故事。）

3. Emotion and attitude（情感态度和价值观）

Many students are able to talk about "pet" and know that "Haste makes waste".

（多数学生可以谈论宠物，并且知道 "心急吃不了热豆腐" 的道理。）

【教学重难点】

Importance（重点）：Sentence patterns and sound of new words.（新学词汇的发音掌握以及重点句型在语境中的运用。）

Difficulties（难点）：Their skills and abilities of asking information of a person and introducing a friend.

（学生了解位置的信息获取能力，和描述位置的语篇构建能力以及理清故事进展中角色位置变化的逻辑思维能力。）

【情境描述】

（一）习性准备

1. let's sing—*In on under*

目的：动感歌曲，进入课堂。

教师教法：教师播放歌曲，将学生带入课堂。

T: Good morning, boys and girls. Now let's enjoy a song. And please stand up to follow the video.

学生学法：学生跟唱视频，并配以肢体动作。

2. Let's review

目的：复习词汇句型，唤起旧知。

教师教法：PPT中呈现图片，师生问答。

T: What's in the picture?

学生学法：描述图中物品位置信息并谈论。

3. Ask and answer

目的：谈论宠物话题，引入故事主人公。

教师教法：通过师生提问谈论宠物，为学生下一环节学习做引入铺垫。

T：Do you have a pet? What's your pet?

How is your pet? What can your pet do?

学生学法：回答教师问题，谈论宠物，进入故事。

（二）习性助学

1. Look and answer

目的：仔细观察，激发兴趣，培养学生的预测能力。

教师教法：教师出示PPT。

T: Mr Brown is in the kitchen.

Where is the dog? Where is the cat?

学生学法：学生仔细观察图片并回答问题。

S: The dog is in the kitchen. The cat is in the kitchen.

2. Look and number

目的：排列顺序，培养学生的逻辑思维能力。

教师教法：教师提出活动环节的任务。

T: What will happened next? Let's look and number.

学生学法：学生讨论并对故事中的四幅图片进行标号。

3. Enjoy and check

目的：让学生了解故事梗概。

教师教法：教师PPT滚动播放故事（无文本），并展示图片标号顺序，核对答案。

T: Now let's watch the whole story and check our numbers.

学生学法：观看故事（无文本），并回答图片正确顺序。

4. Look and answer

目的：培养学生信息获取能力和整体理解故事大意的能力。

教师教法：教师播放PPT，镜头聚焦在故事图片（一部分），并提出问题，引导学生思考问题。

T: Let's look at these parts carefully. Where are the dog and the cat?

Where is the dog now? Where is the cat now? Where is the fish?

学生学法：学生思考问题并回答，初步了解感知故事整体。

S：They are behind Mrs Brown. The cat is now on the chair. The dog is now beside the table. The fish is on the plate.

5. Listen and choose

目的：故事文本挖掘留白（角色位置变化），启迪学生思维促想象，掌握故事线。

教师教法： 播放故事录音，让学生听、填信息，进一步掌握故事内容。

学生学法： 听、填信息，完成故事文本，进一步掌握故事内容。

6. Watch the story

目的： 让学生突破plate，floor等难点词汇并跟读掌握故事。

教师教法： 播放PPT，出示正确文本，并带领学生跟读故事文本。

学生学法： 通过观看故事，完成故事文本，跟读故事，了解故事内容及角色的位置变化。

（三）习得拓展

1. Read and write

目的： 利用不同读的方式学习和巩固重点内容，尝试复述故事。

教师教法： 引导学生完成思维导图，厘清故事内容。

学生学法： 小组讨论，完成思维导图（写作），并尝试复述故事。

2. Look and guess

目的： 故事结局揭示，使故事完整呈现，提炼故事寓意。

教师教法： 利用图片提示，一步一步揭示故事结局，意料之外，情理之中。

学生学法： 根据图片的提示，尝试猜测故事结局，构建故事结局文本。

3. Let's read more

目的： 鼓励学生对故事进行续写创编，培养想象力。

教师教法： 教师提供故事续写材料的图片，给学生留下想象的空间。

学生学法： 根据老师设置的情境，运用已学和新学知识组织语言，激发想象，创编故事。

（四）作业布置

（1）复述故事Read the story twice and retell it.（必做）

（2）阅读绘本Read a new story about "pet".（必做）

（3）创编故事Make a new story: Where is my_____?（选做）

【板书设计】

Where is my fish ?

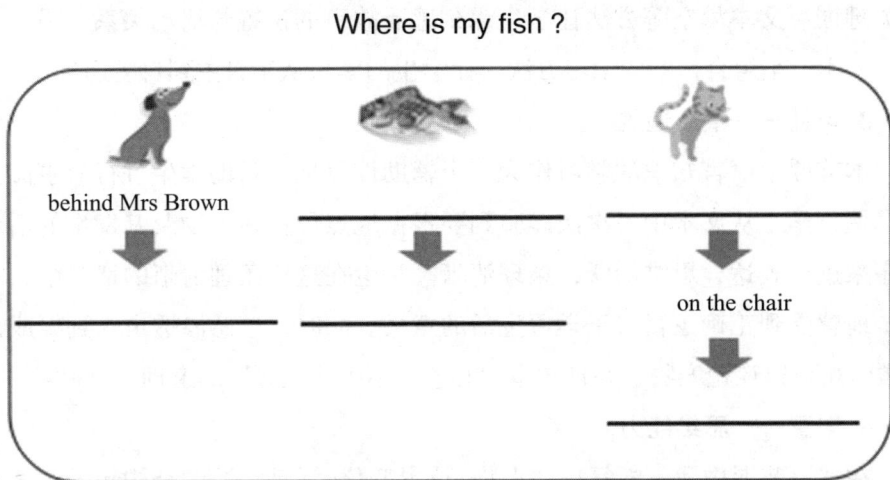

behind Mrs Brown

on the chair

【评析反思】

本节课是Unit 9 My home的第三教学课时——故事教学，本课以"小猫抓鱼"的故事为阅读文本，既要对前几课所学的语言知识有一个全面的回顾，又要在前面知识的基础上增加语用功能，让学生更多地了解和表达位置与活动相关话题的内容，丰富其内容性和情感性，提升学生的文本阅读技巧与口语表达技巧，与此同时，培养学生在生动轻松的外语课堂中需要掌握的良好习性。

（一）亮点评析

1.文本处理

在教学内容上，不仅要分析理解课本原文，引导学生对文本内容形成整体性理解以及剖析细节，还要在原有文本基础上，拓展课外文本，增加相关的语言知识，在一定程度上，拓宽了学生视野。文本前后形式类似，逻辑性强，学生较容易接受，表达的积极性非常高。

2.习智——学法指导

习性助学是习性课堂模式三大流程中最重要的一环，以学生的学为中心运用有效的教学策略，即以学定教，教给学生阅读的方法，帮助学生在具有良好学习习性的基础上进行有效学习，在引导学生有效学习的同时，进一步促进良好学习习惯的养成。本课时采用了递进式的学法指导，引导学生文本猜测、文本听读、模仿朗读和口头表述。一方面，采用图片浏览辅助、听抓关键词、文本填空等方法让学生深刻感受故事的位置与活动关系。另一方面，采用"小组合作"的学习方法，让学生的学习从半自主到自主递进。

3. 习礼——情感递进

本节课中语言知识的学习作为一个辅助性目标，帮助学生进行故事阅读和掌握，学生从文本中一次次体验到要根据地点位置、人物及其发生的活动顺序来进行表达，思维活跃，条理清晰。学生在这样条理清晰的情节中，一步步地感受到正确逻辑对于学习生活的意义。同时，情感渗透也水到渠成，多数学生可以谈论宠物，并且知道"心急吃不了热豆腐"的道理。

4. 习慧——思维能力

在整一节课中我不断复述"人物+位置变化+活动等"的结构句子，这有利于提升学生逻辑思维能力。尽管输出的语言并非十分完整，但是每一次都是学生独立思考的结果。

（二）反思不足

（1）小组合作的形式发挥受限于活动规则，教师讲授小组互动规则时过快，少数学生在对活动规则不是很清晰的情况下就进行小组活动，导致基础较差的学生在小组活动中，没能发挥自己最大的能力。

（2）时间稍显不够用，最后一个部分，学生的拓展阅读后，没能进行口语表述活动，下次要把握好时间分配，让整节课循序渐进。

习性教育与英语课堂颜色的句型词汇教学相结合

——"In the park"教学案例

中山小学英语科组　钟文文

【背景分析】

习性课堂是我校主导的课堂教学模式。教师在授课的过程中注重学生积累六习，其中包括习体、习礼、习文、习艺、习慧、习志六个方面。习性课堂模式分为三个板块：习性准备、习性助学、多维习得。英语课堂教学的主要目的在于让学生获得新知，提高英语的语用能力，并形成良好的学习习性，掌握有效学习方法，让良好的学习习性推动有效学习。反之，让有效学习进一步促进良好学习习性的形成。良好学习习性与有效学习相互结合，学生在课堂中才能够更高效率地完成学习计划与目标。

本课是以Cici和Lala两只小老鼠在公园游玩遇到不同颜色物体的故事场景为主线进行教学的。它们依次遇见了蓝色的球、红色的苹果、绿色的叶子、棕色的猴子、黄色的香蕉还有五彩的风筝。

基于课题研究背景及本课的特点，我在教学设计时将以下面两点作为教学目标：

（1）创设不同情境，引导学生说出本课所教的颜色词汇与询问颜色并回答出重点句型。

（2）鼓励学生学会运用本课新学知识与他人进行有效的交流。其中将本课课题"In the park"上升为本节课的习性目标，意在引导学生知悉我们在公园里需要有良好的文明行为，杜绝践踏草坪、乱扔垃圾、采摘花草、大声喧哗等不好的行为习惯的发生。

【教学过程】

（一）习性准备：以歌唱形式调动学习情绪

全体学生起立，愉快歌唱："What color is it?"

生：What color is it? It's blue/ red/yellow.

设计意图：习性准备意在充分活跃课堂气氛。通过愉快歌唱"What color is it?"让学生情绪逐渐高涨，激起求知欲，激发学习兴趣，为接下来的学习打下情感基础。

（二）习性助学：设置情境，通过不同形式教授新词句

设情境，学词句。

（出示图片，介绍人物。）Cici和Lala两只老鼠是一对好朋友，它们介绍了自己的形态、能力。（I can play the drum.）教师播放两只小老鼠击不同颜色的鼓的视频，由此可帮助学生复习关于颜色的单词。

1. 复习颜色单词

师：同学们，Cici和Lala有非常多的鼓，我们一起齐读他们在谈论什么，他们都有什么颜色的鼓。

学生齐读。

A：I have many colorful drums.

B：what color are they?

A：They're blue, red, yellow, orange, black.

2. 授新知，学词句，促交际

（1）Cici和Lala来到了公园，它们发现了一个黄色的袋子，请学生猜一猜袋子里有什么。老师拿出一个袋子，请一个学生拿出袋子里的东西，引出蓝色的球（a blue ball）和文本。

学生跟读文本，同桌互读。

A: What's this?

B: It's a ball.

A: What color is it?

B: It's blue.

学生练习Let's chant，教师通过提问个别学生的方式抽读巩固所学单词

"a blue ball"。

（2）请学生猜一猜袋子里有什么。老师拿出一个袋子，请一学生拿出袋子里的东西，引出红色的苹果（a red apple）和文本。

学生跟读文本，同桌互读。

A: What's this?

B: It's an apple.

A: What color is it?

B: It's red.

学生通过Let's count，数几个红苹果和绿苹果，老师通过提问个别学生的方式抽读巩固所学单词"a red apple"。

（3）摄入情境，一阵风吹来，一片叶子飘落，引出一片绿色叶子（a green leave）和文本。

学生跟读文本，同桌互读。

A: What's this?

B: It's a leave.

A: What color is it?

B: It's green.

学生通过Let's chant和开小火车的方式巩固所学单词"a green leave"。

（3）摄入情境，一只猴子躲在袋子后，爪子里抓着一个东西，学生猜出是一个香蕉，引出一个黄色的香蕉（a yellow banana）和文本。

学生跟读文本，同桌互读。

A: What's this?

B: It's a banana.

A: What color is it?

B: It's yellow.

3. 巩固所学新词

在let's say的环节里，学生看着投影中快速闪过的新词或图片，说出所学的单词，巩固新知。

4. 补充拓展

摄入情境，天空中飞过三只风筝。

师：同学们，天空中飞过三只风筝。Look, there are three kites in the sky. What color are they?

生：They are blue, red and brown.

全班学生跟读brown这一单词。（大小声游戏。）

5. 再次巩固所学新词

Let's chant的环节不仅能巩固本课所学的有关颜色的单词，还能够活跃课堂气氛。

设计意图：习性助学为整节课的重中之重，此环节主要引导学生形成相应的学习习性及掌握有效的学习方法。良好学习习性的形成要以学习方法作为指导，因此，此环节意在引导学生发现并掌握有效的学习方法，同时养成良好学习习性，而良好的学习习性又推动有效学习。例如，本环节的教学，我引导学生通过摄入的情境学会说出新词，然后通过看图，利用所学新词与他人对话。安排5个环节：①唤醒旧知颜色单词；②授新知，学词句；③巩固所学新词；④补充拓展关于颜色的单词；⑤再次巩固所学新词。通过展示不同的物体颜色，引导学生深化理解本课重点单词及句型并加以利用，让学生从中掌握了有效的学习方法，形成有效的英语交流对话。

（三）多维习得

1. 学生根据图片中的物体和文本进行对话

A: Hi! I am _____.

B: Hello! I am _____.

A: What's this?

B: It's _____.

A: What colour is it?

B: It's_____.

2. 学生根据自身情况和所提供的的文本进行对话

A: Hi! I am _____.

B: Hello! I am _____.

A: What's this?

B: It's _____.

A: What colour is it?

B: It's_____.

A: How nice!

3. 杜绝在公园里的不文明行为

师：同学们，我们在公园里玩耍的时候，不应该有什么不良的行为呢？

〔（展出图片：不践踏草坪（Don't step on the grass.），不摘花（Don't pick up flowers.）〕

设计意图：多维习得是教学目标的预期结果，引导学生形成良好学习习性及指导学生有效学习，学生在本节课中除了理解所学内容、掌握知识与技能之外，还认识到了在公园里不应出现的不良行为，获得爱护环境、保护地球母亲的情感体验。

（四）板书设计

In the park

A: What's this?

B: It's_____.

a ball   an apple   a leaf   a banana

A: What color is it?

B: It's _____.

blue   red   green   yellow

【评析反思】

本节课教学思路明确，由课文内容拓展到课外，不断拓宽学生思维深度和广度。学生在教师的引导下，逐步学习本课重点单词和句型，难度由浅到深，层层递进，逐步达成本课教学目标。当然，在授课过程中存在一些问题及困惑。例如，一节课中要引导学生培养什么样的学习习性？良好的学习习性如何与有效学习同步形成？在每一个教学环节当中，教师该使用怎样的教学手段才能吸引学生的注意力，增强学生的课堂参与度？在学生口语交际的过程中，如何突出习性特色，区别于其他课堂？以上问题均是大家在日常授课中有待解决的问题。习性教学并非一种固化的教学模式。那么，如何在习性模式的主导下灵活运用教学策略，突出习性课堂的特点呢？以下几点是个人对此问题的浅析。

（一）一节课塑造一习性

习性课堂如何体现其特色？学生是课堂教学的主体，培养学生良好的学习习性是习性课堂教学的关键。有效学习以良好的学习习性为落脚点，但学生需要形成的学习习性很多，如听、说、读、写、思维、表达、合作探究等诸多习性。教师需通过什么手段贯彻落实？我认为一节课中不能面面俱到，应根据教学内容专注于培养学生的某一种习性，促使学生逐渐内化成日常的良好学习习惯。例如，本节课，我先打开学生的想象思维能力，通过提示猜词，引导学生自己说出本课的重点词汇，这一方式，不仅调动了学生学习的兴趣，还培养了学生思考的能力，使学生深入学习本课句型，从而推动良好的英语语言交际习性的形成。

（二）一主线贯穿一节课

良好学习习惯的形成需要正确方法有效地指导。本节课倾力于对学生思维习性的培养，教师需要思考采用什么样的教学思路引导学生形成独立思考的习惯和良好的思维能力。因此，我认为以一主线贯穿一节课的教学思路相对有效。例如，在"In the park"一课的教学过程中，我欲培养学生的好奇心，调动他们的积极性，以两个重点问句"What's this?" "What color is it?"贯穿整节课，指导学生通过思考、讨论完成五个环节的学习，即复习颜色单词，授新知、学词句、促交际，巩固所学新词，补充拓展，再次巩固所学新词，层层推进，让学生掌握学习内容、学习方法，形成良好的学习习惯。

（三）习性与学习的相互助力

习性与学习相互促进、相辅相成，达到良好教学效果。就如本节课，通过确定培养学生思维能力这一习性目标，围绕"授新词，学词句，促交际"帮助学生有效地理解掌握词句的用法，促使学生进行有意义的交流，并在所学颜色的基础知识上进行拓展，甚至能够用课外的知识来表述自己的实际所想，以达到预期的教学效果，提高了课堂教学效率，突出了习性课堂特色。

习性课堂致力于引导学生乐于学习、懂得学习，形成科学的学习方法、良好的学习习惯，并获得思维发展。让学生的成长过程能够顺应天性、培养习性、彰显人性，这是我们习性教育的追求。相信习性教育者们通过今后的不断探索、不断实践、勤于总结反思，习性课堂定能造就出一代又一代的杰出桃李。

在习性教育中觅得知识，在知识中享受习性教育

——"Air"跨学科探究实践教学案例

中山小学英语科组　廖泽娜

2016年，作为一名刚毕业的英语教育师范生，我进入中山小学，踏上习性教育之旅。带着对习性教育的新鲜感和好奇心，开始了我的英语教育探索之路。在教育实践中，带着学生一起感受着习性教育带来的启发与惊喜，在启发与惊喜中享受着习性教育。

小学阶段是学生身心发展、行为习惯和性格养成的重要启蒙阶段，奠定人生的基调与走向。这个阶段，学生的习惯、性格和思想尚未成熟，具有一定的可塑性。传统教学模式，更多地关注学生应试能力的培养，许多教师将英语能力同应试成绩画等号。这种观点是不全面的，成绩反映的是学生听、写两方面的能力。因此，成绩的高低并不等同于英语综合素质的高低。英语教学在培养学生应试能力方面投入过多精力，容易导致学生英语综合素质能力发展不均衡。这样的英语教学并不成功，学生也难以满足社会发展的需求。基础教育阶段英语课程目标的各个级别均以学生语言技能、语言知识、情感态度、学习策略和文化意识五个方面的综合行为表现为基础进行总体描述。要掌握英语，除了要学习一定的语音、词汇、语法知识外，还得练就扎实的听、说、读、写基本功。换言之，英语学习必须通过大量的听、说、读、写训练。从这点出发，可以说，英语学习的过程也是习惯养成的过程，小学生良好的英语学习习惯主要是指良好的听、说、读、写的习惯。一名英语教师不仅要教给学生基础的英语知识，更重要的是培养学生养成良好的学习习惯，让学生有计划、有目标地学习。好的习惯是让人受益终身的。俗话说，三岁见大，七岁看老。在这个阶段，小学生如果能够养成良好的学习习惯和性格，拥有持久的学习兴趣，对他们今后的学习、工作与生活会有积极

的推动作用。

而这恰恰就是习性教育中所强调的，以培养学生良好的习惯、完善学生自身性格为抓手，以环境熏陶为背景，以学校课程为载体，以"六习"为内容，培养学生形成良好的习性，成为健康、文明、智慧、高雅之人。

在深圳英语牛津版六年级上册教材中的Unit 10 Air这一课内容中，需要重点讲授Air（空气）这一自然元素。一开始我看到这个课题时很疑惑：空气是一个看不见摸不着的抽象物质，课本内容也非常简单，索然无味，不过几句话描述空气、空气污染的原因和保护空气的措施，这样的内容该如何更好地让学生学习吸收呢？在思考后，我参考习性教育"六习"中的习慧（质疑、静思、想象），以及习文（习言与习作），利用习性课堂模式中的"习性准备—习性助学—多维习得"，尝试性地开展了一次英语与科学的跨学科探究实践课。

带着思考与尝试，基于教材，但不受限于教材，我利用多个科学实验和扩展性科普文章，让学生在自主观察与讨论中得出空气是什么、空气污染的来源以及预防措施。上课当天是圣诞节，因此在习性准备中，我打扮成圣诞老人，利用圣诞歌曲Jingle Bell调动学生的兴趣与积极性，营造温馨的课堂氛围，创建真实的课堂情境。紧接着，我作为圣诞老人带来圣诞礼物，让孩子们闭上眼睛抽礼物，他们分别抽出气球、玻璃杯、蜡烛、打火机、白纸等礼物，这一环节最快速有效地调动了课堂气氛。圣诞节和孩子们上跨学科探究实践课"Air"（图1）。

图1

在习性助学中，利用上述礼物：气球、玻璃杯、白纸、水、蜡烛和打火机进行了多个科学实验，让学生直接观察、感受、思考、讨论，并得出结论：空气的无色无味无形、空气的重要性、空气污染及预防措施，在讨论中锻炼英语口语的表达交流能力。而这也是我受"六习"中"习慧"的启发，让学生在观察、质疑和静思中，觅得空气这一自然元素的相关知识。并且利用自编歌谣和学生剧场情景表演来让学生操练文本句型，并表达他们所获得的知识，让学生在课堂中"习言"。

在多维习得环节，利用小组分层阅读任务，小组合作，四人分别带着不同难度的问题去阅读扩展性科普文章，进一步强化扩展Air（空气）这一话题的知识。最后依靠整节课的知识输入，设置了四个不同难度的任务让学生选择完成。参考了"六习"，希望学生在这一环节能多维习得空气这一话题知识，分别设置为以下四个任务：

（1）Fill in the blank and try to recite.（填空并尝试背诵。）

（2）Introduce air according to the mind-map.（根据思维导图，介绍air。）

（3）Try to make a mind-map of other natural elements, like water/ tree/ fire...（尝试制作其他自然元素的思维导图，如水、树、火……）

（4）Interview others and finish the report of other natural elements, like water/ tree/ fire...（采访他人，并完成关于其他自然元素的调查报告。）

整节课下来，我发现学生学习积极性较高，最后课堂知识输出效果也不错，学生能根据这一课所学的知识与方法去观察其他自然元素，完成思维导图或者调查报告。与此同时，学生课后反应热烈，还希望再开展类似的英语科学探究实践课。学生的肯定给了我很大的惊喜和启发。

在此后的英语教学中，我都坚持尝试在习性教育中，和学生一起开展英语教育实践，时常收获到许多惊喜与启发。

在习性教育中觅得知识，在知识中享受习性教育，于我、于学生都是如此。图2是学生正在圣诞礼包中摸出本节课所要用到的科学实验器材。

图2

让习性在英语课堂中开花

——"My friends"第二课时教学案例

中山小学英语科组 郑梦芝

【学情分析】

四年级第一学期的学生具备了一定的听、说、视、唱、玩、演的能力，也有了一些基础英语口语语料积累。加上极强的求知欲和表现欲，使得他们更想通过小组合作、角色表演等多种方式来充分展示自我。因此建议教师多设计一些能让更多的学生来展现自我的活动，特别是要以学生熟悉的生活情境和经验为基础，突出语言学习的趣味性、直观性、实践性和灵活多样性，从而激发学生对英语的兴趣。三年级已经开始注重写，因此四年级还要进一步培养好学生写的习惯。同时四年级也是品德养成的关键期，适当的德育渗透以及自我评分也建议加入。

【教材分析】

本单元主题是学生很感兴趣的"My friends"，共六个部分，分三个课时教授。主要学习单词dress、shirt、shorts、skirt、T-shirt及句型She/He has a/an...单词学习难度较低，重点是帮助学生拼写单词并将新词运用到句型中进行实践交际。本单元在内容上与一年级下册Module 3 Unit 9 *Clothes*、二年级下册Module 3 Unit 9 *My clothes*的词汇、句型有纵向联系，知识点层层递进，螺旋上升。通过Magic gifts、wedding party、where is Cinderella's friend的情境，联系生活实际，使教学内容不断出现和循环，在深度和广度上有所提升，让学生学会在具体的情境下灵活运用所学语言，并认读和书写句型。

【单元设计整体思路和依据】

本单元整体设计思路的依据：

（1）《义务教育英语课程标准（2011年版）》中指出基础教育阶段英语课程应体现以下内容：激发和培养学生学习英语的兴趣，使学生树立自信心，注重英语思维的培养，创设真实的情境，使学生在用中学，在做中学，培养学生的跨文化交际意识，注重培养学生自主学习和合作精神。

（2）根据新教材特点，知识呈螺旋上升态势，注重知识的横向和纵向相关，因此在教授时要与旧知识建立联系。

单元设计整体思路：以灰姑娘和朋友为教学主线，贯穿整个单元。第一课时，介绍灰姑娘的四位朋友，以参加灰姑娘婚礼之前收到灰姑娘寄送的衣服礼物为情境，使学生识记有关衣服的新单词并学会介绍自己。第二课时，通过营造参加灰姑娘婚礼的氛围，引导学生学习并掌握本课重点句型she/he has...并渗透学会欣赏朋友的情感教育。第三课时，围绕朋友的话题，通过狮子和老鼠如何成为朋友的故事，巩固拓展本课重点句型，并增加朋友之间相互帮助的情感渗透。课与课之间有交互性、联系性，增强语言的情境性、感染性和运用性。

【单元教学安排】

本单元共三个课时：

第一课时：Look and learn.

第二课时：Listen and say, Think and write.

第三课时：Learn the sounds, Enjoy a story.

【单元目标】

1. 语言知识目标

（1）能正确读出字母i在单词中的发音。

（2）能熟练听说、拼读、写单词dress、skirt、shorts、T-shirt、shirt。

（3）能用文本Hello. I'm...

I'm...（tall/thin/fat...）

I have a/an...

I can...（dance/draw...）来介绍自己。

（4）能用本文This is...

He/She is...（tall/thin...）

He/She has a/an...

He/She can...来介绍朋友。

2. 语言技能目标

（1）提高学生的听、说、读、写能力。

（2）提高学生复述文本和再构文本的能力。

3. 学习策略目标

（1）TPR教学、情境教学法和任务教学法，创设良好的语言学习环境，让学生在TPR活动中掌握语言知识，在完成任务时运用和巩固语言知识，在情境中进行口语交际，提高学生语言和英语交际的能力。

（2）在课堂交流中，积极与他人合作，共同完成唱歌、对话、游戏和角色扮演等任务。

4. 情感态度目标

（1）培养学生学习英语的兴趣。

（2）让学生懂得欣赏自己、欣赏朋友。

（3）朋友之间应该相互帮助。

【具体教学设计】

第二课时

1. 本节与上节相关性分析

本课时内容承接第一课时的内容，并承担着巩固拓展本单元的任务。首先，通过展示单词卡、chant和师生对话等方式复习本单元重点单词shirt、T-shirt、shorts、skirt、dress。上节课讲到在朋友的帮助下，王子找到了灰姑娘，两人打算举办婚礼派对。Cinderella给自己的朋友寄去了有魔法的礼物，而本课时则以灰姑娘与王子举办婚礼派对邀请朋友参加为主线。在派对中，Cinderella要介绍自己的朋友给王子认识，从而实现I have...到He/She has...的转变，接下来通过帮助Cinderella介绍朋友和介绍自己的朋友给Cinderella认识这两个环节，让学生在具体语境中理解语言、运用语言，并通过小组合作表演对话的形式，帮助学生巩固关键句型，让学生在用中学。

2. 教学内容

Listen and say, Think and write.

3. 教学目标

（1）在情境中，学生能够听、说、读、写下列词汇：dress、shirt、shorts、 skirt和T-shirt。

（2）创设灰姑娘与王子结婚，邀请朋友参加派对的情境，学生能够在情境中掌握have和has的区别和用法，学会介绍朋友。

（3）通过任务型教学法，学生能够自由运用This is _____. He/She's _____（short/tall/fat/thin）. He/She has a/an_____. He/She can _____.等句型介绍自己的朋友。

（4）在介绍朋友的过程中，发现朋友优点，学会欣赏朋友，与朋友分享。

4. 教学重点

（1）能够在情境中掌握have和has的区别和用法。

（2）能够自由运用This is _____. He/She's_____（short/tall/fat/thin）. He/She has a/an_____. He/She can _____.等句型介绍自己的朋友。

5. 教学难点

能灵活运用本课的知识点到实际生活中进行对话。

6. 教学过程（表1）

表1

My friends第二课时教学过程				
步骤	目的	教师活动/方法	学生活动/学法	条件/手段
组织教学及复习	通过quick response（快速反应），复习与clothes有关的新旧单词 一边听chant一边做练习，复习巩固有关clothes的新旧单词，为后面运用句型介绍	1.快速出示有关clothes的新旧单词 2.播放chant，通过问答的形式，展示出已学过的clothes图片	1.看卡片说出相应的单词。通过回答问题，增加对该种衣服的理解 2.边听边看chant，在paper上勾选出正确的图片	贴衣物类单词卡 多媒体展示

		My friends第二课时教学过程		
步骤	目的	教师活动/方法	学生活动/学法	条件/手段
组织教学及复习	朋友做准备 创设情境，激发学生兴趣	3.出示Cinderella和Prince的图片。以Cinderella举行婚礼派对邀请朋友参加为线索。出示Cinderella的四个朋友Mr Horse、Anna、Lucy和Cindy	学生抢答，读出单词	多媒体展示
新知识的呈现与归纳	1.复习第一课时学过的句子I have...锻炼听说能力	1.播放Mr. Horse自我介绍的录音，并通过ask and answer让学生掌握	1.①学生听完录音后，回答问题，从而掌握have和has的转换 ②学生带上Mr Horse的头饰，上讲台扮演Mr Horse并自我介绍	多媒体展示图片板书
	2.通过问答，正确感知从I have...到He/She has...的转换	2.播放Anna自我介绍的录音，让学生听录音后填写出空缺的单词	2.①学生听完录音后，填写出空缺单词 ②学生带上Anna的头饰，上讲台扮演Anna并自我介绍	多媒体展示
	3.锻炼观察和说的能力，通过观察人物，并学会使用核心句型He/She has...	3.引导学生独自观察Lucy该人物，并介绍	3.①学生观察Lucy，学会用She's.../She has.../She can...来形容Lucy ②学生带上Lucy的头饰，上讲台扮演Lucy并自我介绍 4.同桌之间互相讨论，两两练习介绍Cindy。	多媒体展示 活动展示
	4.锻炼说、写和表演的能力，表演故事人物的对话来强化核心句型	4.观察Cindy，引导学生在同桌之间展开讨论	学生自然地进入另外一个情境当中，为后面的活动做准备 学生带上头饰，扮演Cinderella介绍Mr Horse。	多媒体展示 活动展示
	5.自然过渡，保持情境的完整性	5.Cinderella打算把自己的四个朋友介绍给Prince认识	学生边听录音边完成paper上的空缺	多媒体展示

		My friends第二课时教学过程		
步骤	目的	教师活动/方法	学生活动/学法	条件/手段
新知识的呈现与归纳	6. 让学生以Cinderella的身份介绍Mr. Horse	6.播放Cinderella介绍Mr Horse的录音	5. 学生独自观察Lucy这个人物，并尝试用This is.../She's.../She has.../She can...等句型介绍Lucy 6.①同桌之间相互讨论如何介绍Cindy，并在paper上填写 ②集体跟读	多媒体展示 活动展示 多媒体展示
	7.锻炼听、说、写能力，巩固核心句型	7.播放Cinderella介绍Anna的录音，引导学生完成paper上的空缺	7.①学生四人小组，自由选择Cinderella的一个朋友，充当不同角色，在讨论时，成员先自我介绍 ②四人小组上台展示，小组长向其他人介绍小组成员	多媒体展示 多媒体展示 同桌讨论 多媒体展示 四人小组练习
	8.锻炼学生观察和说的能力	8.引导学生独自观察Lucy这个人物		
	9.锻炼观察、说和写的能力	9.观察Cindy，引导学生在paper上写出句子，并在同桌之间展开讨论如何介绍Cindy		
	10. 四人小组活动，用活动巩固句型	10.Cinderella还有许多朋友，需要学生帮助她介绍朋友		
新知识的巩固和活用	拓展，学生学会利用核心句型介绍自己的朋友	告诉孩子们一个好消息，他们也被邀请去Cinderella的婚礼派对，但要带上自己的一个好朋友	1. ①学生在班里找到自己的好朋友，并且采访自己的好朋友，填写paper上的相关表格 ②学生和自己的好朋友上讲台，学生向其他人介绍自己的好朋友，学会发现朋友的优点，欣赏自己的朋友，增进友谊。例如，This is...	多媒体展示 练习法 活动展示

续 表

	My friends第二课时教学过程			
步骤	目的	教师活动/方法	学生活动/学法	条件/手段
新知识的巩固和活用	德育渗透，环保生活	组织同桌之间、小组之间的生生活动，最后出示全班同学的集体照	He/She's... He/She has... He/She can... He/She is great(cool/super)! 学生在实践活动和直观相片中，体验珍贵的友谊，学会爱自己的朋友	多媒体展示
小结	学生总结所学的知识和学习方法	1.结合板书一起复习今天所学内容。 I have... ↓ He/She has... 2.学习方法：conversations（对话）、descriptive words（描述性词汇）、role-play（角色扮演）、ask questions（提问）、watch videos（看视频）	学生结合板书回顾所学知识	板书选择
作业布置	巩固所学内容	Homework： 1.Read the text loudly and emotionally on P22. 2.Write a passage about your friend and introduce him/her to others.		多媒体展示

7. 教学后记

通过本课的教学，基本上达成了本课的教学目标，学生学习英语的兴趣仍然很浓厚，在运用所学知识环节也特别积极。具体来说，大部分学生已经掌握了以下词汇：shirt、T-shirt、shorts、skirt、dress的拼读。而且能在情境中，听、说、读、写核心词汇。学生也掌握了用本课的核心句型He/She has...来描述别人身上穿的衣物。在最后的应用所学知识的小组活动环节，大部分学生都能听懂、读懂并运用文本句型介绍朋友。不过在运用的过程当中，还有部分学生忘记shorts和trousers前面要用a pair of，仍需通过听、说、读、写等方式练习进一步加强。

6

语文科组教学案例

培养良好习性，提升语文综合素养

——"慢性子裁缝和急性子顾客"教学案例

中山小学语文科组　林洁清

【背景分析】

在学校习性课堂模式的引领下，我校进行了大量的课堂实践活动，以"习性准备—习性助学—多维习得"为架构，以培养学生良好的习性为主线，帮助学生掌握有效的学习方法，让学生养成良好的学习习性，以促进有效学习、提高课堂效率。

为进一步推动习性课堂模式的发展，我校联合帮扶学校举行了同课异构活动。我所上的课文是《慢性子裁缝和急性子顾客》，选自部编版三年级下册第八单元"有趣的故事"主题中的一课。本单元的语文要素是"了解故事的主要内容，复述故事"。把"复述"作为单元语文要素进行集中学习，在教材中是首次出现，它指向基于对故事内容充分了解和把握基础上的详细复述，是内化课文语言、学习表达的过程。《慢性子裁缝和急性子顾客》这篇课文篇幅比较长，故事内容是两个具有相反性格特征的人物"裁缝"和"顾客"之间发生的事情，读起来让人忍俊不禁。学生对这篇课文有很大的阅读兴趣，因此我想以这篇故事为载体，激发学生学习复述故事的兴趣，帮助学生掌握复述故事的方法，落实单元语文要素。以习性课堂对学生进行习文、习慧的教育，培养学生合作学习意识与习惯。通过合作学习的方式，处理好阅读理解与复述的关系，让学生在了解故事内容的基础上进行复述，让学生勤于思考、敢于表达。

【情境描述】

（一）习性准备：听故事激发学习兴趣

1. 师生互动，提问激趣

师：你们喜欢听故事吗？老师给你们讲一篇故事吧！

2. 师复述故事《王蓝天性急》，生听故事

师：《王蓝天性急》是老师读过的一篇故事，刚才我用自己的话把这篇故事讲给你们听。这就是复述故事。（板书：复述故事。）

3. 明确学习目标，引入新课

师：今天我们就来学习怎样复述故事。在我们今天要学习的课文里，也有一个性子很急的人，是谁呢？（板书课题：慢性子裁缝和急性子顾客。）生齐读课题。

设计意图：习性准备意在调动学生情绪、兴趣、注意力等非智力因素。通过讲故事，集中学生注意力，激发学习兴趣，为接下来的学习打下情感基础。

（二）习性助学

1. 预习情况考查

师：你们都预习了课文对吗？那老师考一考你们，敢接受挑战吗？

（1）这篇故事有几个主人公？

预设：两个，急性子顾客和慢性子裁缝。

（2）主人公的特点分别是什么？

预设：顾客急性子、裁缝慢性子。

（3）为什么说顾客是急性子呢？

预设：急性子顾客迫不及待地想要穿上新衣服，四天内不断地变换要求。

（4）为什么说裁缝是慢性子呢？

预设：对于急性子顾客不断变换的要求，慢性子裁缝却没有一点儿不耐烦，始终不慌不忙地回应。

总结：恭喜你们，全部过关！看来你们都了解了故事内容，做到了心中有故事。接下来，我们就可以开始复述了。（板书：了解故事。）

设计意图：通过设问引导学生重点关注故事中的主要情节，以及让人意想不到的内容，体会故事的"有趣"，达成习性助学指导的第一个阶段——

了解故事内容，在此基础上才能进行下一个阶段——复述。

2. 合作学习

（1）师生合作（完成第一天的表格内容）

出示课后习题第二题的表格，梳理故事发生的天数。

师：我们知道急性子顾客要求很急，所以这篇故事只发生了几天？

预设：四天。

师：你能从文中找出表示时间的词语吗？

预设：冬天、第二天、第三天、又过了一天。

师：要想借助表格复述这篇故事，首先要完成表格，学会提取关键信息。（板书：提取信息。）

师：你们知道什么是关键信息吗？

预设：故事的主要情节。

师：关键信息就是围绕故事的主人公、主要情节来写的内容。

师：默读故事的开头（1—13自然段），看看急性子顾客第一天说了什么。

生读顾客说的话。

师：关键信息是简短的，急性子顾客说的这段话里，哪一句才是他的要求？

预设：我想做件棉袄。

师：还可以再简洁一些。

预设：做棉袄。

师：非常简洁，这就是急性子顾客的要求。对于急性子顾客的要求，慢性子裁缝又是怎么回答的呢？

生读裁缝说的话。

师：你能用自己的话概括出裁缝的意思吗？

预设：明年冬天才做好。

师：裁缝的表现就是从他说的话里体现出来的。

小结：我们已经合作完成了第一天的表格，关键信息就是这样简洁、准确、完整。

（2）生生合作（四人小组完成剩下三天的表格内容）

师分配任务：第一、二排小组完成第二天的表格内容，第三、四排小组完成第三天的表格内容，第五、六排小组完成最后一天的表格内容。（注：每小组有两张板书贴，一张写急性子顾客的要求，一张写慢性子裁缝的表现。）合作要求：

① 四人先讨论，要学会倾听别人的意见与思考。

② 每组的组长负责把内容书写在板书贴上，字要写工整。

（3）展示合作成果

每小组派一名代表上台依次展示小组所写的内容。（引导学生以"急性子顾客的要求是……慢性子裁缝的表现是……"句式表达。）

其他学生评价并选出关键信息提取得最好的小组，师将该小组的板书贴贴到黑板上的表格内。

3. 借助表格复述故事

终极挑战：借助表格复述故事。（板书：借助表格。）

出示复述的三个要求：

（1）按顺序复述。（板书：按顺序。）

（2）主要情节要讲具体。（板书：讲具体。）

（3）把故事讲有趣。（板书：讲有趣。）

学生先在小组内练习复述，师选两至三名学生上台复述故事。其他学生根据复述要求对台上复述的学生做相应的评价。师根据学生的复述表现评出一名复述得好的学生授予"复述小能手"荣誉称号。

设计意图：此环节意在引导学生形成相应的学习习性及掌握有效学习的方法。本环节的教学，以培养自主合作习惯为主打习性贯穿教学过程。首先是师生合作，教师引导学生学会从故事中找出关键信息，然后让学生以合作的方式完成填表格的任务，激起学生主动学习探究的欲望，学习借助表格复述故事的方法，并养成合作学习意识与习惯，而这种合作学习习惯一定会为其在以后的学习中带来很好的帮助。

（三）习得梳理

这节课我们学习了借助表格复述故事的方法。复述故事首先要了解故事的内容，然后从故事中提取关键信息，最后再借助表格复述。学会了复述，请你再选一篇有趣的故事复述给同学听吧。

设计意图：多维习得是一个教学效果的预期，引导学生形成良好学习习性及指导有效学习。学生在本节课掌握了复述的知识与技能，体会到了表达的乐趣，同时也会习得有效的阅读理解策略，能够更好地阅读和理解。

【板书设计】

慢性子裁缝和急性子顾客

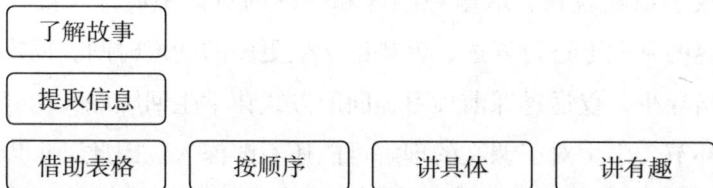

了解故事

提取信息

借助表格　　按顺序　　讲具体　　讲有趣

【评析反思】

本节课教学思路清晰，教学重难点突出，引导学生学习的路径具体，很好地处理了阅读理解与复述的关系，让学生在理解故事内容的基础上再进行复述。整节课以"合作学习"为主打习性贯穿教学过程，培养学生自主合作的意识，紧扣一个内容"复述故事"来教学。教师教态亲切自然，学生专注投入、勤于思考、敢于表达，教学效果较好。

（一）亮点评析

1. 教师示范，激起兴趣

课的伊始，教师通过讲故事，给学生示范如何复述故事，让学生直观了解什么是复述故事，并充满兴趣地学习如何复述故事，达到明确教学目标的效果。加之，三年级的学生在口头表达能力上，还存在回答问题不流利、不完整、没条理等问题。复述故事，尤其是复述篇幅较长的故事，对于学生来说，难度还是非常大的。但在老师的激趣示范下，学生充满了学习兴趣。

2. 主打习性明显，学生参与度高

本节课习性助学环节，以合作学习贯穿整个教学过程。通过师生合作，引导学生完成提取故事关键信息，解决本节课的教学重点，让学生学会从篇幅较长的故事中找出故事的关键信息，为复述故事奠定基础。再通过学生四人小组合作，完成提取信息并精简信息，完成表格填写。在这个过程中，学生主动学习探究的欲望强。最后展示小组合作学习的成果，每位学生参与其

中，学生课堂参与度高。培养了学生合作学习意识，帮助学生掌握复述故事的方法——借助表格复述故事。达到了习性助学的目的，让学生勤于思考、敢于表达，提高了学习效率。

（二）反思不足

1. 朗读指导较少

这篇故事篇幅较长，故事在顾客和裁缝的对话中展开。要让学生在了解故事内容的基础上进行复述，就要给学生更多的朗读时间。而本课在设计上，朗读指导少，仅通过课前预习提问的方式让学生回顾课文内容，就进入学习复述环节，学生对于课文的理解可能还不够深入。因此，可以选择故事情节来指导学生分角色朗读课文，读出人物不同的语气，从人物对话中感受人物特点，从而加深对课文的理解。

2. 复述要求较高

在教学设计的最后一个环节复述故事，我出示了复述故事的三个要求：按顺序复述，主要情节讲具体，把故事讲有趣。没有基于本堂课的学习内容做要求，即初步学习如何复述故事，而把故事讲具体、讲有趣则作为往后的学习内容。因此，复述故事的要求应降低为借助表格按顺序复述。学生只需借助表格上的内容，按顺序把故事复述出来，不遗漏重要情节即可。这样学生就能把这篇篇幅较长的故事用自己的话简要复述出来，从而达到借助表格复述故事的目标。学生达成教学目标，教学效果就出来了。

【结语】

通过备课、试课、调整、再试课、反复修改教学设计，最后上完课整理教学实录、写总结与反思，我对习性课堂教学模式有了更清晰的认识，也进一步领悟到了习性助学的含义：培养学生良好的学习习性，良好的学习习性会助力有效学习，反过来，有效学习也进一步促进良好学习习性的形成。

通过本次同课异构活动，我将对习性课堂模式的理解和收获，运用到日后的常规课堂教学实践中，围绕主打习性、以自主学习为主线组织教学，让好习性与好学习相互作用，引领学生在自主学习中乐学、勤思、合作、探究，实现"一课一习性"的目标，最终促进学生习得科学的学习方法，养成良好的学习习性，提升语文学科综合素养。

在吟诵中感受传统文化

——"元日"教学案例

中山小学语文科组　岑诗敏

【背景分析】

新课标提出：语文课程对继承和弘扬中华民族优秀传统文化和革命传统，增强民族认同感，增强民族凝聚力和创造感，具有不可替代的优势。本案例正是基于新课标重视传统文化而设计的，先是教授学生吟诵，在课堂上奏出美妙音符，再让学生了解宋代新年的习俗文化，挖掘诗歌中蕴含的中华文化资源，促进民族精神的传承。

此诗作于作者初拜相而始行己之新政时。1067年宋神宗继位，起用王安石为江宁知府，旋即诏为翰林学士兼侍讲，为摆脱宋王朝所面临的政治、经济危机以及辽、西夏不断侵扰的困境，1068年，神宗召王安石"越次入对"，王安石即上书主张变法。次年王安石任参知政事，主持变法。同年新年，王安石见家家忙着准备过春节，联想到变法伊始的新气象，有感创作了此诗。这首诗描写新年元日热闹、欢乐和万象更新的动人景象，抒发了作者革新政治的思想感情。

本单元的主题是感受深厚的传统文化，了解中国人的根。基于单元研究背景及本课的特点，我在教学设计时将以下两点作为教学目标：通过诵读，做韵律操，感受过年的快乐、热闹和喜庆，体会诗人在除旧迎新时的无比喜悦的心情，达成习慧目标；通过了解古代春节习俗文化、拓展阅读来培养学生对中国传统文化的热爱，达成习志目标。

【情境描述】

（一）习性准备

联系生活，谈话导入，烘托气氛：

（1）同学们，一提到饺子、新衣服、压岁钱你会想到什么？（春节。）能说说去年你家的春节是怎么过的吗？（放鞭炮、吃年夜饭、喝酒、贴对联。）

（2）展示同学们的春节习俗手抄报成果，亲笔创作春节的诗歌。

（二）习性助学

1. 初读古诗，整体感知

（1）请同学们轻轻地把书翻到96页，认真听老师读古诗，注意听清字音和停顿。

（2）请同学们自由读诗，要读准字音和停顿。

（3）同学读得很认真，谁愿意读给大家听一听？（指名读诗。）

（4）古诗有古诗的味道，在读古诗时，我们不仅要读得准确流利，还要读出诗的节奏来。（出示断句符号，再指名1—2名同学读诗。）

2. 学会吟诵，感受习俗

（1）认真倾听吟诵界大师吟诵《元日》，给同学们普及平仄、押韵知识。

（2）让同学们采用各种方式吟诵诗歌，并跟老师做韵律操。

（3）让同学们示范吟诵，并让同学们互相点评、互相学习。

（4）解释诗题"元日"，通过讲解"元"字字形起源演变来理解题目的来历。

（5）一边吟诵，一边感受燃爆竹、饮屠苏、换桃符的春节习俗文化，体会当时热闹、喜庆的画面。

① 讲爆竹习俗的时候，让同学们听爆竹声，让学生感受爆竹场面的热闹。

② 讲饮屠苏文化的时候，普及屠苏酒的来历，屠苏：药酒名。古代习俗，除夕子时全家合饮这种用屠苏草浸泡的酒，以驱邪避瘟疫，求得长寿。并出示苏轼的《除夜野宿常州城外》、苏辙的《除日》，让同学们理解年纪越长的人越爱喝屠苏酒。

③ 讲换桃符文化的时候，让同学们了解桃符的来源和来历，以桃符的更

换揭示出"除旧布新"的思想。

（6）播放视频，让同学们从视频中了解王安石的生平、诗歌创作背景。

（三）习得梳理

（1）最后合上书本，一边吟诵古诗，一边想象古代过春节的喜庆场面。

（2）拓展另外一首宋代写春节的古诗，让同学们说出写了哪些习俗。让同学们课下去找找其他写春节的诗歌，了解更多古代的习俗文化。

（春节习俗，如扫尘、祭祖、饮岁酒、放爆竹、除夕守岁、贴春联、拜年等活动已成为中华民族共同的文化符号和美好记忆。古往今来，这些春节习俗被写入诗词，广为流传。）

【板书设计】

元日

燃爆竹
饮屠苏 ⎬ 热闹、喜庆
换桃符

【教学反思】

优点：

（1）学生的习性非常好，也很有才。

（2）教学思路很清晰。

（3）老师和学生都做了充分的准备。

（4）运用了吟诵教学古诗，很好。

不足：

（1）教学设计没有一条主线，要有明暗线，吟诵是明线，学习习俗文化是暗线。

（2）教吟诵的过程，就可以以仄高平低来教学生理解诗歌，并顺便教学生知道春节习俗文化。

（3）课堂教学中出现的三个问题都是一样的。

（4）磨课的时候对于别人的意见要取舍，不能全听，要有自己的思想。

【结语】

我国著名特级语文教师窦桂梅曾说："借助公开课，你所成就的，绝不仅仅只是几节'代表作'。公开课成了你生命试炼的地方，并且循着这样的路，你脚踏实地地走向了日常课堂的厚实，乃至成就了人生的厚重与精彩。"的确，通过备课、试课、调整、再次试课、整理教学实录、总结与反思，我对于习性课堂教学模式，以及如何将习性目标与"六习"课程观有机融合，比以前有了清晰的认识，也进一步领悟了习性助学"你中有我，我中有你，相辅相成"的含义和操作要求。

习性赛课的落幕并不意味着结束，而是另一个开始。接下来，我需要做的——急切需要做的——便是将本次赛课所领悟到对习性课堂模式的理解和收获，运用到日后的常规课堂教学实践当中，围绕主打习性、以自主学习为主线组织教学，让好习性与好学习相互作用，引领学生在自主学习中乐学、善思、合作、探究，实现"一课一习性"的目标，最终促进学生习得科学的学习方法，养成良好学习习性，提升语文学科综合素养，形成正确的人生观、价值观和世界观，为终身发展奠定坚实的基础。

"急性子顾客和慢性子裁缝"

——第二课时教学案例

中山小学语文科组　张　娜

【背景分析】

本课是以学校的"习性课堂模式"为指导进行设计的。习性课堂模式是以"习性准备—习性助学—多维习得"为架构，以学生自主学习为主线，以帮助学生管理情绪、养成良好学习习性、促进有效学习、使习性与学习相辅相成、提高课堂效率为目标的课堂模式。

为了能够更好地把学校的习性课堂模式运用到自己的实际教学中，突出本课的教学重点，让学生一节课下来能够学有所得，本课按照习性课堂模式中"一课一得"的教学理念设计本节课。《急性子顾客和慢性子裁缝》出自三年级下册的第八单元。纵观整本书，第八单元的课文是本册语文书课文篇幅最长的一个单元。第八单元的教学目标是要让学生学会用图表或者其他方式进行复述。所以本课的教学重点是让学生能够提取文中的关键信息绘制成表格进行复述，希望学生在学完本课后在日常生活中也能用复述的方式把自己感兴趣的故事和别人分享，习得习言复述的技巧。

根据教学内容和习性课堂理念及模式要求，我进行了如下教学设计。

（一）习性准备：回顾课文，调动学习注意力

（1）教师通过提问本课主人公及两位主人公的特点和课文描写顺序回顾本课内容，师贴板贴。

（2）师谈话激趣，介绍讲故事的两个小锦囊，导入课题。

（二）习性助学：自主合作习惯助学

1. 师生合作

（阅读课文"第一天"内容，完成提取关键信息的学习任务。）

（1）介绍第一个锦囊方法：从文中提取关键信息绘制成表格。

（2）师生一起合作完成提取第一天急性子顾客要求和慢性子裁缝表现关键信息的学习任务。师小结提取信息的关键：①突出关键信息；②语言简洁。

2. 小组合作

（阅读课文"第二天到第四天"的内容，完成提取关键信息的学习任务。）

（1）PPT出示小组合作要求，以小组合作的形式，填写每小组的两张纸（第一张纸：急性子顾客的要求。第二张纸：慢性子裁缝的要求）。第一横排四人小组完成第二天的内容，第二横排四人小组完成第三天的内容，第三横排四人小组完成最后一天的内容。完成后每小组代表按顺序上台贴在黑板上。

（2）第二天：师引导全班一起修改第二天的内容。（师引导生表格提取的关键词要做到：①突出关键信息；②语言简洁。）

（3）第三天：请两名小老师上台评哪组好。

（4）又过一天：师生一起说，直接找出。

3. 伙伴合作

（借助信息表，合作完成复述故事的学习任务。）

（1）介绍第二个锦囊方法：借助表格按顺序进行完整复述。

（2）同桌按一定顺序以对话的形式用自己的话分别复述裁缝和顾客所说的内容，练习时间五分钟。

学生上台分别进行讲故事比赛，从中评出一名讲故事小能手。

4. 教师小结

教师总结：像刚才同学们那样用自己的话把故事讲完整就叫作复述。

（三）多维习得：迁移、检测提升

（1）拿出课前发的学习单，用图表或者示意图对短文进行梳理，检测学生对文中关键信息的掌握情况。

（2）布置作业：从两篇故事中选择一篇最喜欢的故事复述给爸爸妈妈听。

【情境描述】

（一）习性准备：回顾课文，调动学习注意力

师：同学们，上课！

生（齐）：老师好！

师：同学们好，请坐。同学们，上一节课我们已经学习了25课，弄清楚了课文讲了一件怎么样的故事。那么，今天这一节课让我们先来回顾一下课文的主要内容。

师：这篇故事的主人公是谁？

生（齐）：慢性子裁缝和急性子顾客。（师分别在左右黑板贴上课题板贴。）

师：那这篇文章是按照一个什么样的顺序写的呢？我想请一个同学来告诉我？杨懿轩。

生：时间顺序。

师：从哪些表示时间的词可以知道是按时间顺序写的？

生：第一天、第二天、第三天、最后一天。（生边说师边在黑板上贴板贴。）

师：最后一天书本上是怎么说的？

生：又过了一天。

师：好，同学们你们可真厉害，一下子就把这几个问题给回答了出来。那你们觉得这篇文章有趣吗？

生（齐）：有趣！

（二）习性助学：自主合作、习惯助学

1. 师生合作

师：这篇文章这么有趣，让我们把它给大家分享一下。那要怎么样才能把这个故事完整地说出来呢？接下来老师这儿有个小锦囊要给大家。（PPT出示锦囊一的内容。）请大家把这个小锦囊的内容读一遍。

生齐读：从文中提取关键信息绘制成表格。

师：是呀，同学们，这篇文章那么长，要想把它完整地讲出来可不容易。首先我们先一起来弄清楚急性子顾客的要求（师在黑板上贴板贴：急性子顾客的要求），还有慢性子裁缝的表现（师在黑板上贴板贴：慢性子裁缝的表现）。下面请同学们翻开语文书第98页。（生翻到第98页。）

师：同学们，我想请一位同学告诉我，你们觉得急性子顾客的要求是什么呢？哪位同学可以说说？

生1：急性子顾客第一天来到了裁缝店里让慢性子裁缝给他缝一件棉袄。

师：你这个句子似乎有点长，你能不能把你刚才那么长的句子用简洁的语言说出来呢？

（师提示：他想要？）

生1：他想要做棉袄。

师：能不能再简洁些？

生1：做棉袄。

师：你们同意吗？

生（齐）：同意。

师：老师也和你们有同样的想法——做棉袄。（出示板贴。）我们看你们所提取的这个关键信息非常短，把短换一个词，非常的？

生（齐）：简洁。

师：老师非常喜欢这个词，让我们清楚地明白了急性子顾客的要求是什么？

生（齐）：做棉袄。

师：你们很聪明。那我们一起来看一下慢性子裁缝又有哪些表现呢？谁来？

生2：慢性子裁缝告诉他要在明年冬天才能做一件棉袄。

师：你刚才说了那么大串的一段话，能不能像刚才那位同学那样用简洁的话说出来呢？

生2：明年冬天才能做棉袄。

师：能不能再简洁一些呢？你觉得你刚说的那句话最主要的内容是什么呢？最终是怎么回答的？最主要的内容？

生2：冬天才能做好。

师：今年冬天吗？

生2：明年冬天。

师：对了，所以我们是不是可以把这里换成明年冬天？（教师把黑板贴

慢性子裁缝那里换成明年冬天。）（6分钟）

师：你看，他已经学会了把提取出的关键信息说得那么简洁，那么我们来总结一下如何提取关键信息呢？

师：第一个是语言要尽可能地怎样？

生：简洁。

师：第二是要提取出它的什么？

生（齐）：关键信息。

师：或者说？

生：主要内容。

2.小组合作

师：同学们：你们都完成得很不错，那么接下来的这三天老师想要你们以小组合作的方式完成。其中第一横排的四人小组完成第二天急性子顾客的要求和慢性子裁缝的表现。第二横排的四人小组完成第三天急性子顾客的要求和慢性子裁缝的表现。最后一横排的同学完成最后一天急性子顾客的要求和慢性子裁缝的表现。那么，老师现在给你们10分钟的时间，尽可能把字写工整、大一些。10分钟后我们请小组上台来展示，好，现在开始。（PPT同时出现小组合作要求。）

（学生四人小组讨论10分钟，并完成课前发的纸张内容。师巡视指导。）（16分钟）

师：同学们，时间到！（师拍掌示意。）

生（齐）：我就到！

师：那么现在让我们有请第一横排四人小组的组长把你们填的纸拿上来。（第一横排组长把小组填的内容贴在黑板上。）有请第二横排的组长上台。有请最后一天第四横排的小组长上台。（3分钟）

师：同学们，现在黑板上"密密麻麻"的纸都是我们每一个小组智慧的结晶，那么现在让我们一起来看一看。我们每一天只能把两张最简洁的留下来。我们一起来看一下哪张能够留下来呢？

师：齐读第二天急性子顾客的要求。

（生齐读。）

师：我们刚才读了一下，发现这四个小组写的都是一样的答案。那你们觉得改成夹袄这个答案怎么样？我请一个人来说说。

生3：非常简洁而且有意思。

师：对，非常简洁。重点是通过短短几个字你明白了急性子顾客的要求。那你觉得哪张书写得最工整？你想留下哪一张？把你想留下的保留，其余的拿下来。（生上台拿其他三组的纸。）

师：好，同学们，那慢性子裁缝的表现是什么呢？老师为你们读一读。第一组同学写的是"答应了"，第二组同学写的是"拽掉棉花"，第三组同学们写的是"为您服务没说的"，第四组同学写的是"答应了"。如果是你，你觉得哪一组同学突出了主要内容呢？

生4：我觉得第四组写得比较好，因为"为您服务没说的"不是最简，"拽掉棉花"没有说到重点。

师：没有说到重点换句话说就是没说到主要内容。老师也和你有类似的想法。但老师想要留下这一张（为您服务没说的），你们看一下这是为什么？因为这一句出自？

生：课文。

师：如果我们能从课文里面找答案的话就可以尽量从文中提取关键信息。那这样就可以让我们的表述更加怎样？

生5：清晰。

师：或者说是更加准确。接下来的第三天我想请一个小老师来告诉我们如果是你，你会选择哪个留下呢？

（生上台）师：先读急性子顾客的要求。

（小老师上台读第三天的答案。）

生6：第一组是夹袄的袖子剪一半，第二组是做短袖衬衫，第三组是改成短袖衬衫，第四组是改成短袖衬衫。

师：对着大家大声说说你的选择。把想要留的留下，其余的拿走。说出你的理由。

生6：我觉得这张比较好。

师：说说你的理由。

生6：这张虽然和其他的很像，但字写得比较工整。

师：噢，他是从字迹工整来判断的。那除此之外还有吗？

（生沉默。）

师："改成短袖衬衫"你觉得语言怎么样？

生6：语言很简洁。

师：而且又怎样？

生6：突出了重点。

师：对了，或者说突出了主要内容。你们觉得这个小老师说得怎么样？（师把其他的纸拿下。）

生（齐）：非常好。

师：那我们把掌声送给他。

师：下面我再请一位同学说一下慢性子裁缝有哪些表现。同样地，把每组读一遍。

生7把第三天每组慢性子裁缝的表现读一遍。

师：那你的选择是什么？

生7：选剪袖子。

师：好，那你觉得慢性子裁缝在第三天最终是怎样回答的呢？

生7：他说的是没问题。

师：你们同意吗？

生（齐）：同意。

师：所以最终你觉得留下哪一张呢？

生7：留下第二组的。

师：老师也听你的。（只留下第二组的纸。）好，那最后一天的内容老师想请你们一起来选择，首先我们先来回顾第一天急性子顾客的要求是？（生：做棉袄。）第二天是？（生：改成夹袄。）第三天是？（生：改成短袖衬衫。）又过了一天是？（生：改成春装。）

师：对了，那慢性子裁缝是怎么回答的呢？

生（齐）：还没开始裁料呢！

师：那我们一起来看一下，前三组写得非常类似，这一组写得答案过长，我们要求语言简洁，直接把前面的删掉，改成春装。（师在纸上修改。）

师：同学们，你们完成得真不错，通过这个表格你们能很清楚地知道这个故事的主要内容。那你们能不能试着根据黑板上的关键词按照时间顺序把这个故事用自己的话说一遍呢？别担心，老师这里给你们第二个小锦囊，请大家看大屏幕齐读一遍。

生（齐）：借助关键信息复述故事。

3. 伙伴合作

师：老师为你们准备了一个讲故事大会，让我们把这个讲故事大会的要求先读一读吧。（PPT同步出示讲故事大会的要求。）

生（齐）：以同桌两人为单位进行讨论，根据表格提示按照时间顺序用自己的话完整说出故事。提示：可配上自己的想象和动作。

师：同桌互相说一说，开始（3分钟）。

师：时间到！

生：我就到！

师：我想请一个人上来说。

生上台讲故事。

师：想请一个同学上台评论一下，你觉得他说得怎么样呢？

生：我觉得他说得很好，声音非常洪亮，讲得非常简练。

师：他有没有把故事讲完整？有没有根据表格把关键信息按照顺序讲完整？

生：都有。

师：他确实讲得很不错，把这个故事讲完整了。把掌声送给他。

（班上掌声响起。）

师：还有谁想要上台为大家讲故事吗？

生：好，请另一个同学发言。

师：他说得怎么样？

生：很好。（响起掌声。）

师：好，他也是根据表格内容按顺序把故事说完整、说清楚了。再次把热烈的掌声送给他。还有吗？谁愿意上台为大家讲故事？

（生上台为大家讲故事。）

师：同学们，你们觉得她说得怎么样？

生（齐）：很好！

师：老师也和你们想的一样。可以说她是这三位同学中讲得最完整的一位了，恭喜你获得了"讲故事小能手"荣誉称号！把持续10秒的掌声送给她！

（热烈掌声持续10秒。）

4. 教师小结

师：同学们，像这样用自己的话把故事完整说出来就叫作？（PPT出示"复述"二字，生齐说。）

师：对了，让我们来总结一下今天我们收获了哪些小锦囊？

（生齐读PPT上的小锦囊。）

（三）多维习得：迁移、检测提升

师：看来同学们今天收获颇丰，那么接下来老师希望你们能在课下完成你们的学习单，并在课后尝试着去复述，把这个有趣的故事告诉我们的爸爸妈妈。好，同学们下课，向后转，一起说谢谢老师，老师再见。

生齐：谢谢老师，老师再见！

【评析反思】

（一）亮点评析

1. 一课一得：重难点突出

本课重难点突出，落实了语文课程标准在第二学段中对阅读所提的要求：能复述叙述性作品的大意，初步感受作品中生动的形象和优美的语言，关心作品中人物的喜怒哀乐，与他人交流自己的阅读感受。达到了习性课堂中所要求的在合作、探究中达成"一课一得"的习性教学目标，使学生在学完本课后基本上能够掌握提取文中关键信息绘制成表格进行复述的本领，并通过举行讲故事大会培养学生习言的习性目标。

2. 小组合作探究

语文课程标准积极倡导小组自主合作探究的学习方式。因为学生是学习的主体，学生在小组合作学习的过程中能够自由地表达自己的观点，有利于树立主动探究、团结合作的精神，达到习言的目标。本课的教学充分地调动了全班每个小组的力量，通过发挥小组合作的智慧共同完成了提取文中关键信息的学习目标。每个小组的答案都能在黑板上呈现，也吸引了学生上课的注意力，提高了学生的课堂参与度和热情。

（二）反思不足

1. 语言方面

因为这是三年级学生首次接触从篇幅较长的文章中提取关键信息绘制成表格，所以在提取关键信息绘制表格方面需要老师的指导。回顾我的教学实录我发现我提问的语言和过渡语还能够再简洁、准确些。以后上课我将会有意识地让自己的表达更加清晰明确。

2. 引导方面

语文课程标准中强调了我们应该打造生本课堂。本课虽然我是以小组合作形式进行，但是回看教学实录我觉得应让学生说得再多一些。此外，课堂合作的形式除了四人小组合作外还应该再丰富一些。例如，故事大王的环节中可以让同桌中一人扮演急性子顾客，一人扮演慢性子裁缝，让他们同时上台表演复述两位主人公所发生的事情，也许这样更能够激发学生在复述时加入表演的热情，如动作、神态等，从而更好地达到习性课堂所要求的习言目标。

【结语】

时代的进步对人们运用语言文字的能力提出了更高的要求。此次的习性赛课加深了我对学校习性课堂模式的理解，今后，我要把这种习性课堂模式运用到常规教学中，努力把每课的习性目标与"六习"课程观有机融合，不断积累教学经验，多听课，丰富自己的教学阅历，牢固树立并在实际教学中落实生本课堂的理念，使学生在自主学习中乐学、善思、合作、探究，实现"一课一习性"的习性课堂教学目标，让好习性与好学习相互作用，促使学生向健康、文明、智慧、高雅的培养目标发展。

让良好习性与有效学习相辅相成，奏出美妙音符

——"狼牙山五壮士"教学案例

中山小学语文科组　陈剑芬

【背景分析】

《狼牙山五壮士》这篇精读课文记叙了抗日战争时期，八路军某部七连六班的五名战士，为了掩护群众和连队转移，诱敌上山，英勇杀敌，最后把敌人引上狼牙山顶峰英勇跳崖的故事，表现了五壮士热爱祖国、热爱人民、仇恨敌人、勇于牺牲的革命精神和英雄气概。

基于课题研究背景及本课的特点，我在教学设计时将以下两点作为教学目标：

（1）随文识字，品词析句，领悟关键词句在表情达意方面的作用。

（2）抓文眼、关键词句，深入理解"壮士"，致敬壮士。其中将抓文眼及关键词句进行阅读，深入理解"壮士"作为本节课的习性目标。意在引导学生掌握"抓文眼"的学习方法，从而形成良好的阅读习惯，提高阅读能力。

【情境描述】

（一）习性准备：以诗歌诵读调动学习情绪

端正坐好，秩序井然，精神饱满，整齐诵读《易水歌》：

风萧萧兮易水寒，壮士一去兮不复还。

探虎穴兮入蛟宫，仰天呼气兮成白虹。

设计意图：习性准备意在调动学生情绪、兴趣、注意力等非智力因素。通过激情诵读《易水歌》，让学生情绪逐渐高涨，激起求知欲，激发学习兴

趣，为接下来的学习打下情感基础。

（二）习性助学：抓文眼促阅读

师：（出示日本侵华图片）九一八事变爆发，引发了长达14年的抗日战争。14年来，日军在中国烧杀抢掠。他们的行为比野兽还野蛮，比魔鬼还凶残。中国人民不屈不挠，奋起抗争。1945年，日本侵华战争以中国的胜利而告终。

1. 抓文眼

师：同学们，今天我们就来学习这五个人的事迹。学习文章，有一种很好的办法，就是抓文眼，所谓文眼，就是文章里最关键的一句话或者一个词、一个词组。它是文章结构的中枢，决定了文章的格调和情趣，或者是情感的触发点、共鸣点。前面我们也学过抓文眼的一些简单的方法，哪位同学来概括地说一说？

快速浏览，找出文眼。（引出"壮士"并板书。）

2. 对比理解"壮士"

（1）"士"其中有一种解释是对人的美称，如女士、勇士、猛士、壮士。

勇士：有力气、有胆量的人。

猛士：勇敢有力的人。

壮士：豪壮而勇敢的人。

（2）壮士是怎样的人，我想同学们肯定有自己的理解，请你把你心目中对壮士的理解写在纸条上，自己保管好。

3. 典型事例理解"壮士"

师：接下来，我们就围绕"壮士"这个词，深入文章的学习中，相信大家通过学习又会有不一样的理解哦。

（1）自由读课文，梳理文章脉络，填空：接受任务—诱敌上山—引上绝路—顶峰歼敌—跳下悬崖。

（2）这些事例中，你觉得哪部分最能让你感受到五位战士的"壮"？谈谈你的看法。

（3）穿插介绍，狼牙山五壮士跳崖后的情况。

补充材料：

两位英雄跳崖后，被树枝挂住，幸免于难，但伤得很重。葛振林苏醒后挣扎着爬上来，又帮助不远处的宋学义爬上崖头，他二人拄着棍子往棋盘陀古庙方向挪着。我辨清他们是两个负伤的八路军战士，所以就上前扶着他们。我们3人走走停停，到了棋盘石山腰的古庙。

第二天，时近中午，李元忠老道回到庙里，听我介绍两位是跳崖受伤的，立即双手合起来深施一礼，说他昨日躲在崖缝，正好看到八路军抗击敌人，舍身跳崖的壮举，还看见日本鬼子在八路军跳崖处列队行礼，说明被八路军的精神折服了。——《党史文汇》2001年第01期第13页《狼牙山不朽的证言——访五壮士幸存者的救援人余药夫》

4. 关键词句理解"壮士"

师：同学们，刚才我们从典型事例中对"壮士"这个词又有了进一步的理解，其实，要想更深入地理解"壮士"的含义，我们还得从关键词句中去体会。请同学们再读课文，以小组为单位，找出3—5个关键词、1—2句关键句进行交流。

（1）找出文中的关键词句，组内交流。

（2）各组选3—5个关键词、1—2句关键句备用。

（3）交流关键句子。（领悟关键词句在表情达意方面的作用。）

5. 日积月累词语补充理解"壮士"

（1）导语：如果你觉得这些词句还不足以表达对壮士的敬意，那么请打开课本第133页"日积月累"。

出示词语：临危不惧、勇往直前、前仆后继、大义凛然、豪情壮志、不屈不挠、披荆斩棘、舍生取义。

（2）再写对壮士的理解。自己保管好。

6. 升华"壮士"

（1）阅读材料（一）

《晏平仲二桃杀三士》（见阅读材料一）。

此三士可称壮士否？

（2）阅读材料（二）

关于《荆轲刺秦王》可以根据《战国策》或者《史记》相关内容处理。

风萧萧兮易水寒，壮士一去兮不复还。

探虎穴兮入蛟宫，仰天呼气兮成白虹。

荆轲慷慨赴国难，可称壮士否？

（3）升华"五壮士"

聂荣臻元帅为五壮士题写：

视死如归本革命军人应有精神，宁死不屈乃燕赵英雄光荣传统。

碑文：风萧萧兮易水寒，壮士一去兮不回还。呜呼！三壮士已战死矣，而生者犹继续为人民战斗！望狼山巍巍之高峰，谁不为之赞叹，而高歌我军对民族之忠贞，坚信我民族之不可战胜也！

设计意图：习性助学为整节课的关键点，此环节意在引导学生形成相应的学习习性及掌握有效学习的方法。良好学习习性的形成少不了学习方法的指导，因此，此环节应把学习方法的指导作为主线，让学生在掌握学习方法的同时形成良好学习习性，而良好学习习性又助力有效学习。在本环节的教学中，我引导学生学会"抓文眼"，然后围绕文眼"壮士"进行阅读，安排五个环节：①对比理解"壮士"；②典型事例理解"壮士"；③关键词句理解"壮士"；④日积月累词语补充理解"壮士"；⑤拓展阅读升华"壮士"。不断引导学生深化理解"壮士"，让学生从中掌握了有效的学习方法，形成了良好的阅读习惯。而这种阅读习惯一定会为其在以后的阅读中带来很好的帮助。

（三）习得梳理

通过学习，我们对"壮士"有了更深入的理解，请对照两次你所写的字条，第三次写你对"壮士"的理解。明天交给老师。

（意图：多维习得是一个教学效果的预期，引导学生形成良好学习习性及指导学生有效学习。学生在本节课中除了理解了文章的内容，掌握了知识与技能，体会到了英雄人物的伟大精神，获得了情感的体验之外，同时也会指导自己形成正确的人生观、民族观、价值观等。）

【板书设计】

狼牙山五壮士

马宝玉

葛振林

壮士　宋学义

胡德林

胡福才

【评析反思】

本节课教学思路非常清晰，引导学生学习的路径具体、层次分明，由教材延伸到课外，不断拓宽学生思维的宽度与深度，学生在教师的引导下，逐步掌握阅读的方法，形成了良好的阅读习惯，达成了学科教学目标。课堂关注学生的非智力因素对智力因素的促进作用，让非智力因素和智力因素均为学习服务，达到了良好效果，是习性课堂研究的一次有效探索。当然，也存在一些问题及困惑。例如，一节课中要形成什么样的学习习性？良好的学习习性如何与有效学习相辅相成？教师该使用怎样的教学策略才能让学生养成良好学习习性达成学科目标？习性课堂的特点怎样才能更为突出，区别于其他课堂？这些问题均是大家在课堂实践中难以突破的问题。作为一种教学模式，突出模式的独创性是个很大的挑战，我们不能为了模式而模式，更不能使思维被模式化。那如何在模式下灵活运用教学策略，突出习性课堂特点呢？我个人有几点不成熟的思考。

1. 抓"一习性"而培

习性课堂如何体现"习性"特点？要想彰显这一特点，显性的习性是容易操作的，但隐性的习性，即学习习性的形成才是重点。良好的学习习性是有效学习的基础，但课堂要培养的学习习性很多，如听的习性、说的习性、读的习性、写的习性、思维习性、合作习性、表达习性等，我们如何去落实呢？我认为一节课中不要求全，眉毛胡子一把抓。只需根据教学内容定准某一种习性作为主打，倾力培养，让学生逐渐内化成习惯。例如，本节课我志在培养学生的是抓文眼进行阅读的习惯与能力，让学生懂得如何抓文眼，如何扣住文眼进行梳理性阅读，从而达到深入理解文章内容及中心思想的目的。

2. 抓"一主线"而穿

良好学习习惯的形成需要方法的引导，围绕我们确定的某个习性，教师需要思考如何通过学习方法的引导从而让学生形成良好学习习性，因此，我认为以一线穿之最有效。例如，《狼牙山五壮士》一文，我欲让学生养成良好的阅读习惯，我便给学生搭建有效的学习脚手架，围绕"壮士"一词指导通过五个环节的学习，即对比理解、典型事例理解、关键词句理解、日积月累词语补充理解、拓展阅读理解升华，层层推进让学生掌握学习内容、学习方法，形成良好的学习习惯。

3. "点线结合"而成

当我们确定了习性目标及为之而用的学习方法，点与线的结合，相互作用，形成"互助"的状态，这时，习性与学习便相互促进、相辅相成，达到良好教学效果。就如本节课，我抓住"文眼促阅读"这一习性目标，围绕抓文眼、品关键词、找典型事件等方法，帮助学生有效地理解并掌握了文章内容，领会文章主题，感受人物形象，拓宽对"壮士"的理解，形成自己对英雄的判断力，达到了预期的教学效果，提高了课堂教学效率，并形成了习性课堂特色。

让学生乐于学习、懂得学习，有良好学习习惯，有科学学习方法，获得思维发展，成为鲜活的生命个体是我们习性课堂的追求，相信通过不断探索、不断实践、勤于总结反思，习性课堂定能奏出美妙音符。

以画带文感知人物

——"为《城南旧事》设计人物书签"教学案例

中山小学语文科组　程　月

【背景分析】

1. 设计理念

《义务教育语文新课程标准（2011年版）》提出："具有独立阅读的能力，注重情感体验，有较丰富的积累，形成良好的语感；学会运用多种阅读方法，能初步理解、鉴赏文字作品，受到高尚情操与趣味的熏陶，发展个性，丰富自己的精神世界。"在班级已经进行了《城南旧事》整本书阅读的基础上，进行一节综合实践教学，为书本设计书签，引导学生用创造性的方式，将自己在阅读过程中的体悟表达出来，进一步激发学生的阅读兴趣。

2. 书本简介

《城南旧事》是台湾女作家林海音的代表作。创作背景为作者7—13岁期间在北京城南的生活经历。该作品通过英子童稚的双眼对童年往事的回忆，讲述了一段关于英子童年时的故事，反映了作者对童年的怀念和对北京城南的思念。

3. 学情分析

（1）全班学生已经完成了《城南旧事》全书阅读，对书本内容与主旨有了全面的把握。

（2）在阅读全书的基础上，绘制了《城南旧事》整本书阅读思维导图，梳理了书本故事情节。

（3）观看了根据原书改编的同名电影——《城南旧事》。

【情境描述】

（一）习性准备：回顾书中人物形象

同学们，《城南旧事》这本书我们已经阅读过、很熟悉了，在这节课之前，我们一起观看了《城南旧事》电影，写了多篇《城南旧事》读书笔记，还绘制了整本书阅读思维导图，梳理了故事情节。除了故事情节、作品主题之外，人物形象也是我们在阅读时要攻克的关卡。我想问问大家，在阅读这本书时，你印象最深刻的是谁？为什么？

今天这节课，我们就把目光投射到这群人物身上，一起来为这群人物设计属于他们的专属书签。

设计意图：回顾书本内容，帮助学生找到书中最令自己印象深刻的一个人。

（二）习性助学：设计人物书签

1. 了解书签作用与特点

（1）提问书签的作用。

过渡：我们平时在读书时，常常用到书签，那么你们可不可以说一说，在读书的过程中，书签可以发挥什么作用呢？

总结：提示阅读进度。

（2）书签的历史演变。

书签是伴随古代卷轴装书而来，为了区别书的内容和取阅方便，古人就在轴的另一端系上署有书名卷次的小牌子，这是最早的挂签。

北宋以来，人们用纸或绢题写书名，粘贴在封皮上，称为"浮签"。

近代，精平装书开始盛行并取代了线装书的地位，书名直接印在封面上，无须再用标签粘贴。书签逐渐演变为夹在书中的薄片，起到提示阅读进度的作用。

（3）教师出示书签范例，学生总结设计人物书签需要哪些内容。

（主要人物的图片、对人物的理解。）

2. 形成小组书签设计方案

（1）教师示范汇报设计思路，学生抓汇报关键点。引导学生运用规范的表达方式。

（2）各小组领取资料袋（每小组资料内容不同）。

（3）各小组根据领取的资料，讨论出书签的设计思路、设计意图与小组分工。

（4）小组上台汇报。

3. 绘制书签

根据设计方案，各小组开始设计书签。

4. 作品展示

（1）学生将作品进行当堂展示，介绍图片，读一读书签上的文字。

（2）课后选择优秀作品在家长群与电子班牌上进行展示。

（三）多维习得

今天这节课，是我们班级进行《城南旧事》整本书阅读活动中的一环。这节课，我们把目光投射到了人物上，利用书签的形式进一步理解了作品中的人物形象。通过这节课，老师想告诉大家，读书是快乐的，读书的方法可以是多样的，读书的感悟可以是多种形式的。课后，同学们也可以选择在书签的基础上，设计一张明信片，把它寄给你的朋友，相信等你长大之后，再回想起这本书时，会拥有美好的回忆。

（四）知识结构

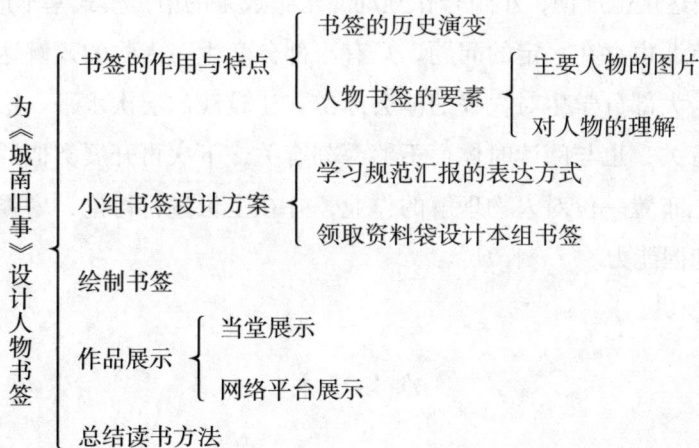

【板书设计】

为《城南旧事》设计人物书签

一个人

一句话

一幅图

【反思评析】

本节课的主线十分清晰，把握住了围绕人物—理解人物—设计书签这一主线。在理解人物的基础上，本节课的目的还在于引导学生学会运用"首先""接着""然后""我们的分工是""我们的理解是"等关键词语和短语进行规范的表达，达到习言目标。因此，在学生讨论、汇报之前，老师对自己设计的一份书签进行了设计思路汇报，目的在于让学生们通过模仿，形成规范表达。

就课堂效果来看，学生基本把握住了每个主要人物的特点，可以根据人物的主要特征选择相应的材料，总结自己的感悟。从汇报效果上看，大部分学生可以做到表达规范严谨，小组合作互动、汇报成果的语言模式基本形成。

但本节课也存在一定的问题。只有小部分学生对人物的理解达到了较深刻的程度。大部分学生对人物的体会停留在比较浅的层次水平。这与学生的年龄阶段有关，也与阅读时体会不够深刻有关，下次再开展类似课程时，可以在课前先布置一份对人物理解的作业，并在全班进行讨论，增强学生对人物形象的把握能力。

附：

准备资料

材料一：

原文片段：

吃完饭我到横胡同去接了妞儿来，天气不冷了，我和妞儿到空闲着的西厢房里玩，那里堆着拆下来的炉子、烟筒，不用的桌椅和床铺。一只破藤箱子里，养了最近买的几只刚孵出来的小油鸡，那柔软的小黄绒毛太好玩了，我和妞儿蹲着玩弄箱里的几只小油鸡。看小鸡啄米吃，总是吃，总是吃，怎么不停啊！

小鸡吃不够，我们可是看够了，盖上藤箱，我们站起来玩别的。拿两个制钱穿在一根细绳子上，手提着，我们玩踢制钱，每一踢，两个制钱打在鞋帮上"嗒嗒"地响。妞儿踢时腰一扭一扭的，显得那么娇。

材料二：

原文片段：

"英子，你几月生的？"

"我呀？青草长起来，绿叶发出来，妈妈说，我生在那个不冷不热的春天。小桂子呢？"秀贞总把我的事情和小桂子的事情连在一起，所以我也就一下子想起小桂子。

"小桂子呀，"秀贞说，"青草要黄了，绿叶快掉了，她是生在那不冷不热的秋天。那个时光，桂花倒是香的，闻见没有？就像我给你搽的这个桂花油这么香。"她说着，把手掌送到我的鼻前晃一晃。

"小——桂——子。"我吸了吸鼻子，闻着那油味，不由得一字字地念出来，我好像懂得点那意思。

材料三：

原文片段：

"趁着他睡觉，咱们染指甲吧。"她拉我到院子里。墙根底下有几盆花，秀贞指给我看："这是薄荷叶，这是指甲草。"她摘下来了几朵指甲草上的红花，放在一个小瓷碟里，我们就到房门口儿台阶上坐下来。她用一块冰糖在轻轻地捣那红花。我问她：

"这是要吃的吗？还加冰糖？"

秀贞笑得呵呵的，说：

"傻丫头，你就知道吃。这是白矾，哪儿来的冰糖呀！你就看着吧。"

她把红花朵捣烂了，要我伸出手来，又从头上拿下一根夹子，挑起那烂玩意儿，堆在我的指甲上，一个个堆了后，叫我张着手不要碰掉，她说等它们干了，我的手指甲就变红了，像她的一样，她伸出手来给我看。

材料四：

原文片段：

"我们小英子在想她将来的事呢！……"

"什么是将来的事？"从上了马车到现在，我这才说第一句话。

"将来的事就如英子要有新的家呀，新的朋友呀，新的学校呀，……"

"从前的呢？"

"从前的事都过去了，没有意思了，英子都会慢慢忘记的。"

我没有再答话，不由得再想——西厢房的小油鸡，井窝子边闪过来的小红袄，笑时的泪坑，廊檐下的缸盖，跨院里的小屋，炕桌上的金鱼缸，墙上的胖娃娃，雨水中的奔跑，……一切都算过去了吗？我将来会忘记吗？

材料五：

原文片段：

我们看海去！

我们看海去！

蓝色的大海上，

扬着白色的帆。

金红的太阳，

从海上升起来，

照到海面，照到船头。

我们看海去！

我们看海去！

材料六：

原文片段：

"我那瞎老娘是为了我没出息哭瞎的，她现在就知道我把家当花光了，改邪归正做小买卖，她不知道我别的。我那一心啃书本的弟弟，更拿我当个好哥哥。可不是，我供弟弟念书，一心要供到让他漂洋过海去念书，我不是个好人吗？小英子，你说我是好人？坏人？嗯？"

好人，坏人，这是我最没有办法分清楚的事，怎么他也来问我呢？我摇摇头。

"不是好人？"他瞪起眼，指着自己的鼻子。

我还是摇摇头。

"不是坏人？"他笑了，眼泪从眼屎后面流出来。

"我不懂什么好人，坏人，人太多了，很难分。"我抬头看看天，忽然想起来了。"你分得清海跟天吗？我们有一课书，我念给你听。"

我就背起《我们看海去》那课书，我一句一句慢慢地念，他斜着头仔细地听。我念一句，他点头"嗯"一声。念完了我说：

"金红的太阳是从蓝色的大海升上来的吗？可是它也从蓝色的天空升上来呀？我分不出海跟天，我分不出好人跟坏人。"

"对。"他点点头很赞成我："小妹妹，你的头脑好，将来总有一天你分得清这些。将来，等我那兄弟要坐大轮船去外国念书的时候，咱们给他送行去，就可以看见大海了，看它跟天有什么不一样。"

材料七：

原文片段：

宋妈看着我说："你念书大了，可别欺侮弟弟呀！别净跟你爸爸告他的状，他小。"

弟弟已经倒在椅子上睡着了，他现在很淘气，常常爬到桌子上翻我的书包。

宋妈把弟弟抱到床上去，她轻轻给弟弟脱鞋，怕惊醒了他。她叹口气说："明天早上看不见我，不定怎么闹。"她又对妈妈说："这孩子脾气犟，叫老爷别动不动就打他；燕燕这两天有点咳嗽，您还是拿鸭儿梨炖冰糖给她吃；英子的毛窝我带回去做，有人上京就给捎了来；珠珠的袜子都该补了。还有，……我看我还是……唉！"宋妈的话没有说完，就不说了。

材料八：

原文片段：

爸是多么喜欢花。

每天他下班回来，我们在门口等他，他把草帽推到头后面抱起弟弟，经过自来水龙头，拿起灌满了水的喷水壶，唱着歌儿走到后院来。他回家来的第一件事就是浇花。那时太阳快要下去了，院子里吹着凉爽的风，爸爸摘下一朵茉莉插到瘦鸡妹妹的头发上。陈家的伯伯对爸爸说："老林，你这样喜欢花，所以你太太生了一堆女儿！"我有四个妹妹，只有两个弟弟。我才十二岁……

材料九：

原文片段：

于是我唱了五年的骊歌，现在轮到同学们唱给我们送别："长亭外，古道边，芳草碧连天。……问君此去几时来，来时莫徘徊！天之涯，地之角，知交半零落，人生难得是欢聚，唯有别离多……"

我哭了，我们毕业生都哭了。我们是多么喜欢长高了变成大人，我们又是多么怕呢！当我们回到小学来的时候，无论长得多么高，多么大，老师！你们要永远拿我当个孩子呀！

材料十：

作品主题：

《城南旧事》描写了20世纪20年代末北京城南一座四合院里一家普通人的生活，通过小姑娘英子童稚的眼睛，来看当时北京形形色色和许许多多的人与事。文章中的人物最后都离小英子而去，表达了告别童年的悲伤和怀念的情感，向世人展现了大人世界的悲欢离合，有种说不出的天真，却道尽人世复杂的情感。

学会合作学习，品味有趣的故事

——"漏"教学案例

中山小学语文科组 钱 程

【背景分析】

《漏》是一本非常有趣味的故事书，在活动中孩子们边听边看边哈哈大笑，可见孩子们对这个故事充满浓厚的兴趣。故事讲的是一个月黑风高的夜晚，心怀鬼胎的小偷和老虎都来到王老汉家，可是，他们不约而同地遇上了"漏"。画面充满童趣色彩而又细腻传神，为我们呈现了一个幽默十足的民间喜剧。在PPT课件的播放下我与孩子们集体阅读，孩子们饶有兴趣地被画面吸引着，很快就融入了这个洋溢着中国民间特色的故事之中。"从前有座驴背山，山腰间住着个王老汉，王老汉家养了一头大胖驴……"孩子们迅速进入了故事情境之中。当孩子们看到那头大胖驴时，开心地笑了，慢慢地，孩子们就顺利地理解了大胖驴和老虎、小偷的关系，因为驴子胖胖的，小偷和老虎才会要打它的鬼主意。而小偷和老虎出现时，孩子们显得更加兴奋，画面上小偷和老虎的神情与动作体现出他们所表达出的心理活动。孩子们更是兴致勃勃地揣摩着故事角色的心理，紧张而又兴奋地期待着在那月黑风高的夜晚上演的一出好戏，畅所欲言、争先恐后地表达着自己的想法。"窸窸窣窣……"当我用不同声音模仿王老汉和老奶奶的对话时，我故意停顿了一下，孩子们有的捂着嘴巴笑，然而却笑得茫然。我故意又卖了个关子，重复了一遍，随即用老奶奶的声调放慢语速又讲述了一遍，这时一个孩子反应过来了："啊，漏是漏雨吧。""是呀，小朋友真聪明，一下就反应过来了，可是小偷和老虎明白了吗？"于是我又引导孩子们仔细观察画面上小偷和老虎的动作——抓耳挠腮，翻着白眼，看到他们模仿着画面上小偷和老虎的动作的有趣样子，不觉莞尔一笑。"那小偷和老虎心里想的'漏'是什么呢？"孩子们又高举着小手畅所欲言，经过一番思考，他们很快就明白小偷和老虎所想的"漏"是个怪物。随着故事情节的展开孩子们理解了，是老奶奶的一句话引出了一场误会，并演变成后面那富有喜剧性的故事画面。了解了"漏"是什么的孩子们，嘴里说着："小偷和老虎好笨啊！"看着故事中傻傻的老虎和小偷，他们不觉地哈哈大笑，越发感到有趣，也隐约能理解小偷和老虎的作为是因为他们理解的"漏"并非是老奶奶嘴里所说的"漏"，而这也是这个诙谐的故事的趣味所在。在这次教学活动中，我帮助孩子理解了故事内容，梳理了故事的发展脉络，理顺了故事情节，孩子们在活动中表现活跃而又积极，从中体会到了阅读的快乐，直到现在还在津津乐道。

【情境描述】

（一）习性准备，回顾课文，调动学习注意力

1. 图片导入，激发学生兴趣

师：同学们，老师给大家带来了几幅有趣的故事插图，猜猜是哪个故事的？

生1：《漏》。

师：这么快就猜出来了，看来同学们很喜欢这个故事。今天我们来继续学习这个故事。

2. 结合故事四要素来回顾课文的主要内容

师：你们知道故事的四要素是什么吗？

生2：时间、人物、地点、事情。

师：我们刚才回顾了故事的四要素，那么在这篇故事中，故事的四要素又是什么呢？

生1：主人公有老公公、老婆婆、老虎和贼。

师：你找出了故事的人物。谁来说说主人公到了哪些地方？

生2：先是在老婆婆老公公家里，然后到了路上，紧接着到了树上，再到山坡上，最后故事又回到了老婆婆老公公家里。（教师相继贴板书。）

设计意图：借助图片激发学生的兴趣，学生围绕故事四要素回顾课文，让学生对故事有一个大概印象，进而从整体上把握故事内容。

（二）自主合作，习性助学

师：我们来看看故事的开头。老公公老婆婆说了什么？

生1：老公公说，"好像有什么声音在响"。老婆婆说，"管他狼哩，管他虎哩，我什么都不怕，就怕漏"。

师：老公公老婆婆说的话如果用一个字来概括，你会留下哪个字。

生2：漏。

师：所以我们可以概括说"老公公老婆婆说漏"。那老虎和贼在说什么呢？

生3："翻山越岭，我什么没见过，莫非漏比我还厉害？""走南闯北，我什么没见过，莫非漏比我还厉害？"

师：如果只能用一句话来概括，你会用哪句话？

生3：莫非漏比我还厉害？

师：像这样用简短的句子说出课文的主要意思就是概括，可以用文中的句子，也可以用自己的话。

设计意图：借助课文第一个内容手把手教学生提取信息的方法，为后面的小组合作环节打下基础。

（三）小组讨论继续完成表格

师：同学们，在你们的帮助下老师已经找出了故事刚开始发生的事情以及主人公的心理表现。你们可真是一群老师的得力小助手。接下来的故事内容老师想请你们小组合作完成。第一组找路上发生的故事，第二组找树上发生的故事，第三组找山坡上发生的故事，第四组找最后老婆婆家里发生的故事。看哪个小组做得又快又好。

（四）信息筛选和整合

师：时间到，坐端正！有请第一横排、第二横排、第三横排、第四横排的四个组长上台展示。同学们，现在黑板上这些密密麻麻的纸都凝结着我们每一组智慧的心血，看上去都很不错，但我们只能把最好的一组留下。首先让我们一起来看看在路上发生的故事内容。

（请学生说，注意引导学生用简洁的语言围绕主人公说。）

师：老师的想法和你的不谋而合，那我们把这组留下。那树上发生的故事呢？老师为你们读一遍，你们觉得哪个好？（生继续评论。）最后一个故事情节全班一起说。

设计意图：全班学生一起筛选信息是对学习的知识的一个巩固，同时也能让更多的学生参与到课堂中来，增加学生的学习兴趣。

（五）小组合作复述

师：通过这张表格，我相信你们的爸爸妈妈一定能够明白故事的主要内容。那这篇故事这么有趣，你们能不能试着根据表格关键信息的提示按时间顺序用自己的话完整地把这篇故事说一遍呢？（提示：可以加上自己的想象、动作等，让你的故事更生动。）小组之间相互练一练，待会我请几位同学上台为大家讲故事。

（每个小组选择一个人讲一个故事情节。）

（六）借助表格独立复述

师：同学们已经能够通过合作复述这个故事了，现在还有最后一关，独自复述，挑战成功的同学将获得今天"复述小能手"的称号，谁来挑战？

（七）多维习得

师：同学们，像上述几位同学用自己的话把故事完整地说出来就叫作复述。我们一起总结一下我们今天收获了哪些复述小锦囊呢？

生：①从文中提取关键信息绘制成表格；②借助表格进行完整的复述。

设计意图：总结与回顾更有利于学生梳理本节课学到的内容。

【板书设计】

漏

发生的地点	发生的事情	主人公心理表现
家里（图片）	老公公老婆婆说"漏"	莫非"漏"比我还厉害
路上（图片）	虎驮着贼，贼骑着虎	"漏"真厉害
树上（图片）	虎甩掉贼，贼蹿上树	终于甩掉"漏"了
山坡（图片）	被对方吓晕	"漏"哇
家里（图片）	老公公老婆婆再说"漏"	说怕漏，就漏雨了

【评析反思】

1. 亮点评析

《漏》是一本非常有趣的故事书，学生对这个故事充满兴趣。在PPT课件的播放下我与学生集体阅读，学生被画面吸引着，很快就融入了这个洋溢着中国民间特色的故事之中。整个课堂我主要通过小组合作探索交流的方式引导学生了解课文的主要情节，通过表格来提取关键信息帮助学生掌握复述故事的方法。在小组合作的过程中，学生分工明确，合作寻找相关信息，然后小组交流，达到了很好的效果。整节课下来，学生基本可以借助关键信息复述故事了，达到了习言的教学目标。

2. 反思不足

作为一节习性公开课，还有很多不成熟的地方有待思考和改进，教学方式可以更加丰富。在教学《漏》时，我更注重学生习言目标的达成，对于学生的朗读指导不是很到位。虽然学生都能够根据主要信息复述出完整的故事，但是复述不够生动，所以在教学中还应该多关注学生的朗读。本篇课文生动活泼、富有趣味，如果多多引导学生朗读，课堂氛围应该会更活跃。

我吟我诗，我唱我歌

——"牧童"教学案例

中山小学语文科组　吴小婷

【背景分析】

1. 设计理念

这节课是基于我校"习性课堂模式构建"以及古诗词吟诵教学课背景下的一次探索，是古诗词吟诵教学与习性课堂模式相融合，形成的别具特色的习性课堂之古诗词吟诵教学。课堂主要聚焦培养学生学习语文的良好习性，掌握有效学习古诗的吟诵方法。让吟诵走进习性课堂是个新的课题，让校园吟诵诗歌是一种书香的氛围。总之，以教师为主导，以学生为主体，以习性课堂为主线，让学生在学习古诗词吟诵的过程中得到享受，感到愉悦，能够有所收获。让大家在快乐的学习氛围中，努力建设开放而有活力、有深度的语文古诗词吟诵课堂。

2. 教材分析

《牧童》是人教版五年级下册第二组第五课《古诗词三首》中的一首诗。本组教材是以童年为专题来编排教学内容的。《牧童》是唐代诗人吕岩所作，吕岩也就是民间传说中的八仙之一 ——吕洞宾。整首诗向我们展示了一幅鲜活的儿童晚归休憩图，草场、月夜、笛声、牧童，像一幅恬淡的水墨画，使我们的心灵感到宁静。全诗意境优美、用词活泼、情趣盎然，生动地表现了牧童悠闲自在、无拘无束的生活。

3. 学情分析

授课的五（1）班共有48人，学生总体素质良好，从二年级就开始学习吟诵，在古诗词吟诵方面有一定的学习经验和基础，他们十分喜爱古诗词吟诵。

【教学目标】

（1）通过指导学生吟诵，以"我吟我诗，我唱我歌"的方式，培养学生有感情地诵读古诗的习惯，达成习言目标。

（2）通过"平低仄高、平长仄短、依字行腔，依义行调"等吟诵方法，培养学生找出诗眼、抓关键词理解诗意的习惯，感悟声音、节奏在诗中的魅力，达成习慧目标。

（3）结合图画和注释了解诗句大意，感受牧童自在快活的生活，体会牧童悠然自得的心情，达到习志目标。

（4）通过背诵并默写古诗，把古诗改写成一个生动的小故事等环节，培养学生的想象力和书面表达能力，达成习文目标。

【教学过程】

（一）习性助学：设疑揭题，激发起学习欲望

（1）播放乐曲《田园之歌》，学生欣赏音乐。

（2）说说音乐带给你什么样的心情？

师：其实，能带给人快乐的事有很多。例如，今天老师和大家一起学习，就很快乐；见到久别的朋友，会很快乐；认识一位新朋友也是一件令人愉快的事。现在，就让我们带着一颗快乐的心跟随诗人吕岩去结识一位新朋友。由此导入古诗《牧童》，并板书：牧童，提醒"牧"的读音和写法。

（二）习性助学

1. 我诵我诗，我吟我歌，吟诵出"新"的韵律

（1）请同学们慢慢地，认真、仔细地将这首诗吟诵三遍以上，自创吟诵调，吟诵出自己的理解和感受。

（2）在小组内交流，吟诵得好的就夸夸他，吟诵得不好就帮帮他。

（3）谁有勇气单独为大家吟诵这首诗。（评价：平长仄短、平低仄高，依字行腔、依义行调，吟诵自己的味道。）谁再吟诵？（押韵字的拉长。）谁能再加上自己对这首诗的理解读一读？（板书："蓑"，强调字音分析字形。重点强调多音字"铺"，渗透联系句子，分析字意，确定读音，注意字音、形、义的内在联系。）

2. 抓住"诗眼"，研读诗文

（1）引导学生吟诵"草铺横野六七里，笛弄晚风三四声"，感受原野的辽阔和牧童的天真可爱。

① 请大家再认真读第一句诗，边吟诵边想：从这句诗中你知道了什么？（原野辽阔。）

② 哦！你知道了原野辽阔，你是从诗句中哪些词知道的？（六七里、横。）

③ 这"六七里"是不是指原野实际的长度？（不是。）其实，古诗中像用到这类虚指的诗句很多。带着自己的理解来读一读，感受一下原野的辽阔。（强调"六七里"都是入声字，声调高而短促。）

④ 通过换词（生、长）比较，理解"铺"字的用词准确。

如果你站在这辽阔的原野上，还会感受到什么？（美、绿、平坦等。）诗中哪一个字体现呢？（铺。）"铺"字什么意思？如果把"铺"字换成"长"或"生"字好吗？为什么？

铺是铺开，铺展的意思，生动形象地写出了小草的长势。而且铺是个平声字，我们吟诵的时候要拖长，一拖长，我们就仿佛能看到草原的草长得特别茂盛的样子，我们带着这种感觉再吟诵一遍（
$$| \quad —— \quad | \quad ! \quad ! \quad |$$
草 铺 横 野 六 七 里 ）。

小结：这广阔无垠的原野上，绿草如茵，草木茂盛，多像一张铺开的巨大的绿地毯。这"铺"字用得太好了！

⑤ 师：置身于这绿地毯式的大原野中，怎能不让人陶醉呢？此时此刻，原野上传来了什么声音？（笛声。）那是什么样的笛声？（悠扬，优美，隐隐约约，断断续续。）

⑥ 这诗句中的诗眼是哪个字呢？（弄。）为什么呢？（因为它是仄字，吟诵的时候声调最高，小孩的天真、可爱、调皮一下子就会浮现在眼前。）如果换成了"玩"字好吗？（不好，虽然"玩"与"弄"的意思差不多，但诗词歌赋也是声音的艺术，"玩"字是平声字，依照平低仄高的规律，吟诵起来，声音急转直下，高潮没有了，小孩子天真可爱、快乐的无忧形象也不见了，所以还是"弄"字最妙。）指名吟诵、小组比赛吟诵，再次感受"弄"字的美妙。

小结：是啊！晚风中的牧童骑在牛背上，不停地逗弄着手中的笛子，伴随着晚风吹来，笛声时而高，时而低，时而长，时而短，时而快，时而慢，时而有，时而无。让我们来欣赏一番。播放视频之后引导学生齐读一、二句。

（2）引导品读"归来饱饭黄昏后，不脱蓑衣卧月明"，感受牧童的无牵无挂、自由自在。

① 幻灯出示图片：谁来说说你从图上看到什么？

② 教学"蓑衣"，你们知道什么是蓑衣吗？你能从图上指出来吗？蓑衣有什么作用？（出示蓑衣图片。）

③ 谁再来说说你从图上还看到了什么？师小结：牧童放牛回来，吃饱了饭，已经是黄昏后，他没有脱下蓑衣就躺在草地上美美地欣赏皎洁的明月，谁能美美地读读这两句诗。

④ 把"卧"改成"睡、坐、立"不好吗？为什么？师：对啊！牧童选择了这种最舒服的仰卧姿势，欣赏着天上皎洁的明月，此时，他可能会想起什么？把你的想法在小组里和同学交流交流。

⑤ 谁来说说，此时，牧童可能会想些什么？师：同学们的想象力真丰富！如果让你用一个词概括牧童的生活，你会用哪个？出示板书。

师引读：牧童的生活多么悠闲啊，吟诵——

牧童的生活多么自由自在啊，吟诵——

牧童的生活多么快乐啊，吟诵——

3. 背诵、默写

有人说童年是一支笔，描绘出美妙的图画；童年是一幅画，开满艳丽的花；我觉得童年是一首诗，一首白天以牛、笛为友，晚上以明月清风为伴的诗，这如世外桃源般的生活，令诗人吕岩渴望，让我们带着对这种生活的向往，把它好好地背下来。

（1）同桌之间相互背诵，师指名背诵，师指名展示背诵。

（2）默写。师：同学们，你们知道最高级的背诵形式是什么吗？那就是默写，请大家在笔记本上默写一遍。提示：写的时候注意坐姿，把字写漂亮。

（3）同桌互改、评价。

（三）多维习得：把古诗改编成一个小故事

我会根据自己的想象，自由写故事。

要求：发挥你丰富的想象力，让它成为一个充满生活气息的有声有色的故事。

【板书设计】

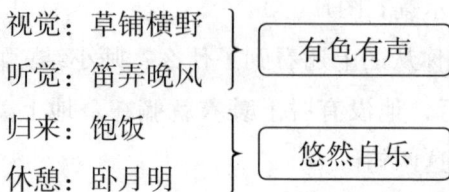

（牧童板书）

【评析反思】

习性课堂是为养成学生良好课堂习性而开展的相关学科教育活动，而古诗是中国浩瀚文化星空中一颗璀璨夺目的明珠，是中国古代思想文化与汉语言特点最完美的结合，是中华民族精神气质最完美的呈现。古人云：熟读唐诗三百首，不会作诗也会吟。学生良好课堂习性的形成古诗词吟诵教学的顺利开展提供了有力的保障，为高效的吟诵课堂打下了基础，吟诵给学生带来了更多学诗文的乐趣，让学生可以快速地背诵古诗，帮助学生更好理解古诗的意境与情感。

（一）亮点评析

《牧童》这首诗向我们展示了一幅鲜活的牧童晚归休憩图，体现了古代儿童无忧无虑、天真烂漫的天性。诗中文字浅显易懂、不难理解，但因为学生生活实际与诗中描写的生活画面有所脱节，所以要让学生知道这是远离喧闹城市的孩子生活，感受到诗人所向往的宁静生活，的确有点困难。因此，在教学中我根据学生实际情况因地制宜、因材施教。

1.学生的课堂习性良好，师生互动很默契

今年是带这个班的第四年了，师生之间的上课风格与模式彼此既熟悉又协调。首先，需要教师处处留心，摸清学生们的喜好和习性，充分预知学情；其次，在授课中适时设置疑点、悬念，创设兴奋点，调动学生参与课堂的欲望与积极性；再次，设计有助于师生互动的教学环节，设计允许更多学生参与的学习活动，使得互动不单局限在师与生之间，还可以在学生与学生之间广泛开展。例如，小组内交流自己的古诗吟诵调、小组比赛背诵与默写等。整节课中可以看到学生回答问题时习性展现非常突出。例如，仪态大方，站姿挺拔，手势轻轻触碰放在肚脐上方，看起来大方得体；声音响亮，偶尔会有辅助的肢体语言，既像训练有素的主持人，又像清新脱俗的小诗人，真是太可爱了。

2. 反复吟诵，陶冶性灵

古人有"七分诗三分读"的说法，可见在学习古诗时朗读的重要性。吟诵古诗可以提高学生的联想、想象能力，进而增加其艺术修养。所以古诗教学中必须要重视反复吟诵。我首先请学生们慢慢、认真、仔细地将这首诗吟诵三遍以上，自创吟诵调，吟诵出自己的理解和感受，接着请学生在小组内交流感受，这为学生接下来在全班的交流与展示，创造了充足的条件，几乎所有的学生都能吟诵出自己独特的调子，诵出自己的理解和情感。课后很多听课教师都没想到学生这么有灵性，展示出来的就是他们自己内心的声音，我认为这就是学生通过长期吟诵陶冶出来的美好而高雅的性灵。

3. 通过吟诵抓住"诗眼"，为研读诗文插上想象的翅膀

"诗眼"是整首诗的灵魂所在，抓住诗眼而牵全诗，诗眼是古诗词教学的切入点。教学设计应围绕诗眼展开，使教学重点突出，分析深入，课堂拓展方向明确，以达到古诗词吟诵教学的高效性，同时指导学生如何抓诗眼，以提高学生的古诗词鉴赏能力。《牧童》一诗中诗人吕岩旨在描写古代儿童无忧无虑、天真烂漫的天性，表达自己对舒适、恬静田园生活的向往。在研读诗文时我重点引导学生找到最能表现以上意境的字词，经过多次不同形式的吟诵点拨，很多学生找到了"弄"字，通过师生智慧的碰撞最后得出"弄"字最妙，牧童天真可爱的形象一下浮现在眼前。以上例子可以看出吟诵对品赏诗文的作用之大、好处之多。吟诵专家徐健顺老师说，"吟诵是理解诗文的重要方法，因为古诗就是在吟诵中创作的，读错了就会理解错，读对了才能正确理解诗人所要表达的意境"。通过吟诵抓住"诗眼"的研读方法，可以摒弃教师课堂上机械的讲解与分析，正所谓"一吟天下白"，吟诵是学生理解诗文的重要阶梯，值得所有教师关注与学习。

（二）反思不足

1. 教师课堂语言不够精练

整节课教师虽认真设计教学，可是课堂中我的过渡语还是不够自然、贴切，课堂语言有点生硬，说话的基本功还得不断地努力修炼，争取做一个幽默睿智、妙语连珠的语文教师。

2. 板书不够完整

好的板书设计能直观地显现教学内容的脉络，精当地突出教学重点，有助于培养学生思维的连贯性，有利于学生整体感知概括能力的提高。上课时，我由于在吟诵教学上过于投入，有些板书忘记书写，造成了遗憾。正如教育心理学家布卢姆指出："没有预料不到的结果，教学就不能成为一门艺术。"教师的板书具有很强的示范和引导作用，可以直接影响学生的书写能力，给学生以美的示范与享受。日后在这方面要多留心、多研究、多努力，让课堂少留遗憾。

在小说中游牧

——"将军胡同"教学案例

中山小学语文科组　俞芳芳

【案例背景】

从2018年9月接手四（7）班以来，我一直在有意地观察、记录和分析孩子们在课堂上的表现。经过这一个多月的课堂教学和课下接触，我发现班上48个孩子在思维上普遍活跃，善于发现和思考问题。作为教师，看到自己的学生在课堂上能够积极思考、踊跃发言，内心自然是欣慰无比的。

然而，从孩子们回答问题的情况来看，他们往往难以深入地去理解阅读材料所表达的思想感情。引导学生深入阅读，便成为我阅读教学的重要任务。因为小学阶段的孩子作为民族的希望、社会的未来，必定会成为国家的主力军，而阅读能力可是相当重要的能力之一。如果对孩子们现在的阅读问题放任不管，必将严重影响到他们的成长。

如何在语文课堂上培养孩子们的阅读能力呢？这就要从整本书的阅读指导开始。

【作品描述】

作品以儿童的视角、京腔京韵的故事和生动流畅的语言，讲述了抗战时期老北京人在民族气节、品德大义上的一段传奇。作品塑造了一位极具个性的图将军，将其性格中的义气、侠气、局气表现得淋漓尽致，对老北京风物节令、物候时序、日常生活的展现充满了历史文化内涵。作品浑然天成、气象高远，有鹤立之势。

【教学目标】

（1）让学生在阅读《将军胡同》的过程中，提炼阅读小说的相关方法，如用思维导图梳理人物和情节、给人物配插图、与文本对话、写批注理解。

（2）通过《将军胡同》阅读分享，让学生充分体会展示其阅读成果的喜悦，意识到人生起伏、家族兴衰、国家存亡的关系，树立家国情怀。

【教学过程】

（一）习性准备

1. 聊一聊学校的对联

百年人家需行善　　一等好事是读书

2. 猜书名

张乐平、三毛　　《三毛流浪记》

曹文轩、青铜　　《青铜葵花》

王淑芬、彭铁男　　《我是白痴》

史雷、图将军　　《将军胡同》

（二）习性助学

1. 你们对"游牧"这个词怎么看

生："游牧"一般指的是放羊啊，放牛啊，这节课应该是"放书"，也就是"阅读书"。

生：可能老师把我们当成小羊了，把我们带到阅读的草原。

2. 游牧开始

（1）开启游牧之旅

师：每个人打开一本书的方式不一样，有的从封面、题目、目录、一股脑扎进故事中，其实，正因为每一个有个性的读者，每一个独具个性的你，因为大家的不同，才编织了阅读的美丽。来说说你们怎样开启阅读？

生：我一拿到书就看封面，有题目，有作者，有出版社，还有获奖的信息。

生：我看的是封底，有别人看了这本书的评价，还有获奖词。

生：我看书的延长页（勒口），因为那写了故事，写了作家，等等。

生：我直接看目录，从我喜欢的那一章开始看。

师：每一个读者，根据自己的喜好或习惯的方式进入阅读。阅读本该如此，是很自由、很欢愉的事，每个人都可以记录下自己的阅读初见，当你反反复复读完这本书时，再回头，在对照、对比中，你会有更新的喜悦。

（2）寻人图示

师：我们都知道，《将军胡同》是一本小说，小说必定要通过人物来编织情节、推动情节。那么，看过一遍书后，是否能对自己的阅读进行梳理呢？我想每一位读者，在阅读小说的时候，必然在脑海中重构这个故事，书中每一个人物会在你心中留下独特的印象，当你翻动书页时，书里的人物向我们款款走来。现在看看人物关系图。（出示学生作品。）

生1：介绍自己所画的人物关系图。

生2：介绍自己所画的人物关系图。

师：我相信每个小读者在梳理这样的关系图的时候，都会对整本小说情节做了一次梳理，进行了一次盘点，把人物关系图夹在书中，就会是非常有创意的衬页了。

（3）读中追寻

① 最人物

师：这部小说塑造了一位极具个性的将军，将其性格中的义气、侠气、局气表现得淋漓尽致，书中还塑造出了善良刚强的秀儿，那位不识字却细心周到的赵姨，还有那位与众不同又特别令人揪心的日本人老横泽，像水一样透明的横泽美香……这么多的人物让你来盘点，寻找出最人物，会是谁呢？

生：最好心的老横泽。因为他虽然是日本人，但是他却没有像其他日本人那样伤害中国人，还帮助大宝一家。

生：最可怜的秀儿，她是个孤儿，父母都死了，还好有大宝他们保护她，但她真的好可怜。

生：最忠诚的铁苍狼。它虽然是只狗，但书上说了，很多人活得还不如它。它为了救二舅牺牲了，它比很多中国人都厉害、都爱国。

生：最无辜的海子，海子他生在汉奸家庭，但却是爱国的。他因为不满意老师教他日语就反抗，他比他爹、他爷爷都要好，有勇气，可惜生在汉奸家庭了。

生：最漂亮的美香，书上说她长得跟水一样。

师：在你心中，可能都会有这样一个最人物印象，每一个人物在读者心中留下了不同的风貌，那我们试想，如果把心中的那一个角色用画笔画下来，会是什么样呢？

②为你寻图

师：小说当中，我们会遇到各种各样的角色。其实，我们也在遇见自己，遇见书外的自己，于是你会不知不觉和书中的人物同呼吸共悲喜，通过一遍一遍地阅读，你会涌现出这样一个个形象。

（PPT展示学生作品。）

师：亲爱的孩子们，当我们通过绘画绘出心中的角色，我们的阅读就变得绘声绘色。

③对话之旅

师：读了这本书，你有什么想问小伙伴，或者想问老师的吗？

生1：我来问问大家，大宝姓什么？

生：姓"刘"。

生1：其实大宝不姓"刘"，"刘"是大宝的姥爷一家的姓，大宝姓什么这本小说没说，但我问过俞老师了，俞老师说大宝的姓氏在第二部小说《正阳门下》有写。

生1：为什么大宝一家不讨厌日本人老横泽？

生：因为老横泽虽然是日本人，但是他没有欺负中国人，甚至还帮助中国人。

师：小结，介绍艾登·钱伯斯，他荣获卡内基奖、安徒生奖，他在著作《说来听听》中说道，读一本书，需要不断对话。读到一本书的时候，可以说出自己的疑思、想法、回忆故事，及对书的感觉、喜恶。我们可以不断地问答，可以自己问自己答，邀请小伙伴、家长、作者回答。

师：我们来听听史雷先生有什么话说呢？（音频。）

师：孩子们，作家在这部小说中藏着自己的观点和对世界的态度。

④蛛丝马迹。

师：所以我们读一部小说，不仅要在人物、情节中游牧，我们还要关注小说中一些看似不经意的描写，一些藏在缝隙中的言语，可能这些地方在表达作者的一种情怀和看法。当然，当你去关注这些的时候，也会凝聚着自己的理解和看法。我们来听听小读者关注到哪些句子，又读出了怎样的体会呢？

生：请大家看第107页。"如果中国人能把这样的精细劲儿放在建国大业上，那么日本人还能像现在似的吗？"从这里，我知道中国之所以落后是因为当时的人都在养虫养鸟，没有强大国家，太可恶了，被挨打。

生：请大家看第117页。"老横泽嘴里说出的话，有一种新鲜感，和爹妈、大舅、二舅他们说的差不多，总会为我打开一个全新的世界。"这里我看出，中国的传统和新科学的冲突，同样是养鱼，可是方法完全不一样，老横泽的才是真正的科学，我们要学习。

生：图将军是真正的将军。他变了，他为国献身，就是将军。

师：游牧到此，你会发现不知不觉、读着读着，你对书本越来越深入了，阅读仅拘泥于此？

（4）游牧时光

师：这本小说中还藏着特别多老北京的游戏呢。其实读小说可以让我们去体验不同的时光，它可以把你带到你到不了的历史、到不了的城市。来看看游戏百宝袋。

（PPT展示学生作品。）

师：作家就是想通过这样一种方式唤醒我们对于不同年代、不同城市的一些记忆。

（5）书城同游

师：其实我们读一本书，还可以有很特别的游牧方式——书城同游。其实很多时候，读一本书，一定脱离不开城市的背景，我们也在阅读一座城、一段历史。

（PPT展示当时的书城同游活动。）

师：这部小说开启了我们对城市、对历史的关注。

3. 游牧总结延伸

师：我们来回顾，今天我们经历了哪些游牧过程？今天共同聊这本书，只是开启了阅读的时光，我们还可以怎样呢？做些什么呢？

（三）多维习得

师：亲爱的孩子们，共读只有开始，没有结束。在小说中游牧的一个个过程，都可以由你们自己来做主，由你们自己来设计，自己来填充这样的游牧路线。那么，亲爱的孩子们，经过今天这样的游牧过程，我想听听你们通过这样的游牧过程有怎样的收获呢？

生完成收获整理单后汇报（表1）。

表1

1	我对阅读《将军胡同》的收获：
2	我对阅读小说方法的收获：
3	我在这堂课表现的收获：
4	我还有一些疑惑：

【板书设计】

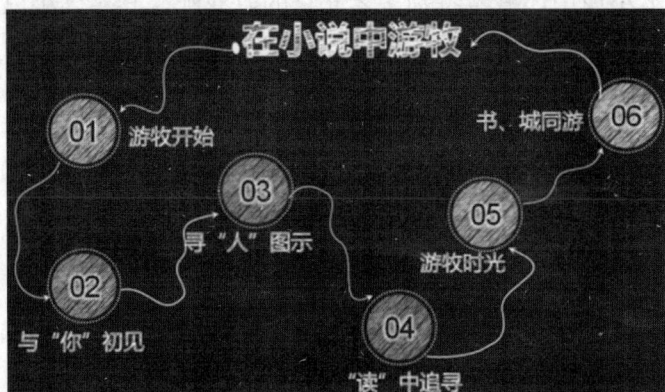

【教学反思】

我来主导，孩子们来反馈阅读感受，尽量让所有孩子，即使是不同水平的孩子都不同程度地受益。

阅读不就是这么悠闲自在的一件事吗？啊，我叫了一声，我说："在小说中游牧！"我要让你们这些小羊羔在大草原上自由自在地吃上自己想吃的嫩草！

课上完了，但是阅读没有完。孩子们在阅读，也会用到教研课上的方法，会跟别人聊一聊阅读书目，会为人物画图，会寻找人物关系，会带着书去阅读一座城，这就是永无止境的阅读。共读只是开始，我希望我以及我的孩子能在阅读这条路上走一辈子。我多么希望我的孩子在多年以后对《将军胡同》有了不同的想法，又再进行深入阅读。每一本好书，都值得重读。

共读只有开始，没有结束。40分钟的课结束了，可看到孩子们还拿着书意犹未尽地找小伙伴聊，我想，这不正是我想要的吗？真庆幸有这些孩子，孩子有这样的阅读情怀。

我希望我的孩子能在阅读这条道上走远、走好，我更要在阅读指导这条道上走好。作为语文教师、作为班主任的我，更希望我能放牧更多的小羊羔，指导他们，让他们都吃到自己最想吃的嫩草。

探索习性课堂教学，助力学生终身发展

——"七律·长征"教学案例

中山小学语文科组　岳　丽

【背景分析】

我所上的课文是人教版五年级上册毛泽东的诗歌《七律·长征》。《七律·长征》是一首中国革命的不朽史诗，是革命乐观主义的不朽之作，深刻表现了毛泽东的艺术风格和高昂气概。我被这篇诗歌体现出的长征精神以及毛泽东的伟人风采深深感动着，所以也想将其传递给我班上的孩子们，希望以教材为载体来引领学生精神成长，以习性课堂对学生进行习文、习慧、习志的教育，让学生与文学、与世界建立生命的联结，有所思、有所悟、有所行，在感情朗读中热爱语言文字，在潜移默化中树立真实明确的人生观。

【教学设计】

（一）习性准备

（1）物品准备：一书、一笔、一本、一单。

（2）情绪准备：学生以良好的精神面貌齐声诵读毛泽东诗词。

（3）情境准备：学生交流收集到的长征故事，谈感受，体会长征之难。

（4）板书课题"七律·长征"，齐读课题。

（二）习性助学

1.初读感知

习文助学指导一：

朗读诗歌，正确流利，整体感知。

自读—指名读—齐读—听范读谈感受—师生共读—填空读。

2. 默读静思

习文助学指导二（2分钟）：

结合诗歌以及助学单词语注释，默读静思，勾画关键词句。

（1）红军在长征过程中经历了哪些困难？

（2）红军战士是怎样看待这些困难的？

3. 精读细品

习文助学指导三（2分钟）：

聚焦一个或两个场景的相关诗句，结合注释，体悟情感，理解朗读。

4. 读出精神

（1）你看到了红军战士怎样的精神？

（2）师生合作读毛泽东对长征的评价。

（3）教师小结长征精神。

（4）出示毛泽东草书作品《长征》，配乐全班齐读。

（三）多维习得

（1）习得知多少，小结本课收获与感受。（二选一）

我想对红军战士们说：_____。

我想对毛泽东爷爷说：_____。

（2）学以致用，阅读推荐。

【情境描述】

（一）初读感知

过渡：这就是我们了解到的长征过程中遇到的这么多的苦、这么多的难，而这么多的苦、这么多的难，红军战士是怎么挺过来的呢？毛泽东在红军长征过程中深受红军战士精神的感染，在1935年10月红一方面军到达陕北的时候，他激动地写下了今天我们要学习的这首诗歌——（生齐读课题）。

课件出示

习文助学指导一：

朗读诗歌，正确流利，整体感知。

1. 学生自读课文

略。

2. 指名读

师：刚刚大家读得都很不错，我想请一个同学来读一读。

生1读。

师：发音准确，感情充沛，我感觉到你是整个身心融入诗歌当中去读，读出了自己的独特感受，非常棒！还有谁想来试试？

生2读。

师：你的声音非常清脆，读得比较流利，但是有一个字音读错了，同学们有没有听出来？

生齐声回答"逶迤（wēi yí）"，并齐读整句"五岭逶迤腾细浪，乌蒙磅礴走泥丸"。

师：刚刚两位同学的朗读基本达到了正确流利，再请一位同学一字不错流畅地读下来。

生3读。

师：声音洪亮，非常流利，掌声送给他。

（全班鼓掌。）

3. 齐读

师：刚刚我们听了三位同学正确流利的诵读。我们一起来读一读。

（全班齐读。）

4. 听范读谈感受

师：能够读得正确流利，这是朗读的第一关。接下来我们要去整体感知这首诗歌。在此，老师请来了一位朗读大师给大家进行示范。

（播放《长征》示范朗读，并配以相应的长征画面。学生端坐看课件、聆听。）

师：刚刚我们听了名家的朗诵，也看了长征的画面，请你谈一谈你此时对这首诗歌有什么感受？

生4：感受到长征途中的辛苦和危机重重。

生5：特别壮烈。

5. 师生共读

师：你们感受到了这首诗歌的感情基调。我们带着这样壮烈的情感一起来读一读。

（师生合作读，师读前半句，生读后半句；生读前半句，师读后半句。）

6. 填空读

师：刚刚我们配合朗读得非常不错，现在考考大家，带着你的情感，根据填空提示读一读。

（全班根据填空提示齐读。）

师：非常棒，掌声送给自己！

（二）默读静思

师：给你们上课真是愉快的享受，但是红军长征可没有这么愉悦。通过之前的"习性准备"环节，我们知道红军长征中有这么多的难，有这么多的苦，此时，我有问题要问，红军在长征过程中经历了哪些困难？红军战士是怎样看待这些困难的？

生6：红军长征路程非常远。

师：用文中的词。

生6：远征难。（师板书。）

师：还有吗？

生6：红军战士把这些困难看得很平常。

师：文中关键词？

生6：只等闲。（师板书。）

师：前一个词是红军在长征中经历的难，后一个词是红军战士对待困难的态度。在同一句诗句当中，针对这两个词可以找到对应的另一个问题的答案，谁来？

生7：红军不怕万水千山，不怕遥远的路程。

师：你这句话中的关键词就是？

生7：不怕。（师板书。）

师：不怕什么呢？

生7：万水千山。（师板书。）

师：刚刚两位同学找得很准，把集中体现红军长征中遇到的困难，以及红军战士是怎样看待困难的词语找准了。非常好！那么还有哪些具体的？

生8：大渡桥横铁索寒。

师：抓住关键词。

生8：大渡桥横。（师板书。）

师：给我们什么感受？

生8：危险、寒意。

师：文中关键词？

生8：寒。（师板书。）

师：还有吗？

生9：第二句写了红军翻越了五岭和乌蒙山。（师板书。）

师：五岭怎么样？乌蒙怎么样？

生9：五岭逶迤，乌蒙磅礴。

师：红军战士是怎么看待的？抓住关键词。

生9：把五岭看作细浪，把乌蒙看作泥丸。（师板书。）

师：诗词字字是宝，每一个字都值得细细品味。还有吗？

生10：还有最后一句中的"岷山"。（师板书。）

师：岷山怎么样？

生10：千里雪。

师：红军战士怎么看待的呢？一个字。

生10：喜。（师板书。）

师：观察黑板板书，找完了没有？

生11：金沙水拍云崖暖，云崖很高，体现出长征的困难；金沙水暖，红军战士感受很温暖。（师板书。）

（三）精读细品

过渡：我们刚刚通过静思回答了以上两个问题，不过大家的感受还不是很深，接下来我们进一步走进诗歌细细体会与品味。

生12读：五岭逶迤腾细浪，乌蒙磅礴走泥丸。

师：感受还不够强，谁能找到这句子，来试试？

生13读：五岭逶迤腾细浪，乌蒙磅礴走泥丸。

师：有一点自己的感受了，还有谁来试试？

生14读：五岭逶迤腾细浪，乌蒙磅礴走泥丸。

师：感情特别深入，掌声送给他。

（学生鼓掌。）

师：精读细品，接下来我们品品这两句诗。

生15：五岭绵延不绝，红军把它看作细浪一般。

师：你是从哪里知道五岭绵延不绝的啊？

生15：逶迤。

师：绵延不绝的五岭，走完一公里还有一公里，走完一座山还有一座山，走完一座岭还有一座岭，一共几个岭？

生齐答：5个岭。

师：你们知道哪5个岭吗？

（生自读书上关于"五岭"的介绍。）

师：那你们知道五岭有多长吗？老师之前查阅了资料，五岭连起来大约有1290千米，相当于在跑道上跑了6000多圈。你们平时走过这么长的路吗？那你想想红军长征跨越五岭走这么远的路怎么样？

生齐答：很累、很辛苦。

师：是呀，如此的累和辛苦，红军战士却把它们看作是——

生齐答：细浪。

师：带着我们的感受读一读。

（生齐读"五岭逶迤腾细浪"。）

师：读得非常不错！我们接着品读下一句。

生16：乌蒙山高大雄伟、气势磅礴，但是在红军眼里不过是小小泥丸。

师：这位同学很善于品析诗句，带着理解和感受我们一起读一读。

（生齐读"乌蒙磅礴走泥丸"。）

师：读得很整齐，但是我还没有听出"磅礴"的感觉。请大家看看这两个字都是什么偏旁？（生：石字旁。）谁来读一读？

生17读：乌蒙磅礴走泥丸。

师：沉沉的高山的大石头，让我感受到这座山巍峨挺拔，很难攀越。还有谁想读一读。

生18读：乌蒙磅礴走泥丸。

师：你读出了磅礴的乌蒙和小小泥丸的对比，让我们看出了在红军眼里乌蒙山算什么，只不过是小小泥丸。让我们一起再来读读，让我体会到红军长征中的难，以及红军战士体现出来的精神。

（生齐读"乌蒙磅礴走泥丸"。）

师：除了这两句诗歌外，你有感悟的、想诵读展示的诗句还有吗？

生19：金沙水拍云崖暖。

师：结合长征过程中的艰难，请说说你的理解。

生19：金沙水流湍急，两边山崖陡峭。

师：这么湍急的水流、陡峭的山崖，为什么红军战士会觉得"暖"？

生19：红军战士克服困难渡过金沙江之后无比愉悦开心。

师：战胜困难后的一片欢欣。带着这样的理解，我们一起读一读。

（生齐读"金沙水拍云崖暖"。）

师：刚刚有同学还找到了这一句"大渡桥横铁索寒"。有人知道这个故事吗？

生20：飞夺泸定桥。

师：知道当时的情景吗？

生20讲述飞夺泸定桥的故事。

师：根据他所讲述的故事，我们可以理解这个"寒"是什么意思？

生20：桥上剩下的13根铁索，桥下湍急的河水，以及敌人的机枪扫射。

师：是呀，这样的场景真是令人胆战心寒。让我们带着这样的体会一起读一读。

（生齐读"大渡桥横铁索寒"。）

师：除了以上诗句，还有吗？

生21：更喜岷山千里雪，三军过后尽开颜。

师：说说你的理解。

生21：岷山海拔4000多米，终年积雪，红军战士跨过之后非常开心。

师：是呀，绵延雪山，困难重重，想象一下，它会给红军战士带来哪些困难啊？

生21：第一个是冷，物资不够；海拔4000多米，还可能会发生高原反应。

生22：雪地里的野兽、雪崩等。

师：虽然有这么多的困难，但是只要跨过这座山就会怎么样？

生23：尽开颜。

生24：很开心。

生25：一片喜悦之情。

师：让我们带着即将走向胜利的喜悦之情一起读一读。

（生齐读"更喜岷山千里雪，三军过后尽开颜"。）

师：我们读了这么多，还有最关键的、点明中心的诗句，谁有兴趣来读读？

生26：红军不怕远征难，万水千山只等闲。

师：说说你的感受。

生26：红军不怕远征难，万水千山只等闲。红军不怕远征的艰难，把长征过程中的万水千山都看作是平平常常的事。我读出了红军长征中的艰难和红军战士的坚定决心。

师：大家知道长征有多远吗？

生（齐）：两万五千里。

师：跨越多少个省呢？

生（齐）：11个省。

师：翻越了多少座山啊？

生（齐）：18座山。

师：你知道哪些山啊？

生（齐）：五岭、乌蒙、岷山。

师：还经历了？

生（齐）：24条大河。

师：从本诗中你知道什么河？

生（齐）：金沙江、大渡河。

（四）读出精神

师：这么多的山，这么多的水，概括起来就是——

生（齐）：万水千山。

师：现在我们来看，这万里长征中的万水千山，红军战士却说他们——

生（齐）：不怕，只等闲。

师：从中，你看到了红军战士怎样的精神？

生27：不怕吃苦。

生28：坚强不屈。

生29：勇往直前。

生30：众志成城。

生31：视死如归。

（生上黑板写板书。）

师：这是大家读出的红军长征精神。接下来我们一起来看毛泽东是怎样评价红军长征的呢？

（出示课件，师生合作读。）

师：（接学生朗读"谁使长征胜利的呢？"师读"是中国共产党，他们是不怕任何艰难困苦的。"）他们所表现出来的就是这样一种长征精神——

（生齐读关于长征精神的板书。）

师：正是因为红军有这样的精神，正是因为中华民族有这样的精神，所以几千年来，我们民族不管历经多少磨难，不管受到怎样的欺凌，都能挺过一切艰难险阻，从五千年前的文明古国走到了今天，走向了繁荣，走向了昌盛，这靠的都是什么？

生（齐）：精神。

师：对，就是这样一种精神，一个人，无论你做什么事，无论你是平凡还是弱小，无论你是普通还是伟大，只要你有这样一种精神，去克服困难、战胜困难，那么你就算平凡也不会平庸。这就是这首诗歌带给我们的感受。毛泽东，也就是这样一位伟人，所以他用草书表达了他的这种情怀，我们再一次回顾和激情朗读这首诗歌。

（配乐，生齐读全诗。）

【评析反思】

整个习性助学环节围绕一个主打习性（"朗读"习性的培养），紧扣一个主题内容（体会长征过程中经历的困难以及红军战士面对困难的态度），教师激情高昂，学生专注投入，共同经历着一次精神上的长征体验，教学效果较好。

（一）亮点评析

1. 鲜明的主打习性

《义务教育语文课程标准（2011年版）》（以下简称《语文课程标准》）的课程总目标指出："应培植学生热爱祖国语言文字的情感，养成语文学习的自信心和良好习惯，掌握最基本的语文学习方法。"习性课堂模式就是根据学科教学特点，关注学生学习习性，通过帮助学生管理学习情绪，梳理自主学习方法，形成良好的学习习惯，落实有效学习，使学生在学习的过程中收获知识、体验成功的一种教学方式。

本节课要培养学生哪个方面的学习方法和习性？如何将习性目标与"六习"课程观有机融合？如何在一堂课中抓住一个主打习性实现"一课一习"？我进行了初步的尝试。根据诗歌教学特点，本节课的教学方式，我结合"习文"中的"习言"，围绕"朗读"这一主打习性的培养展开教学（初读感知—默读静思—精读细品—读出精神），朗读形式多样（自读、指名读、齐读、范读、师生共读、填空读、默读、品析读），朗读引导设计具有梯度（由正确流利逐步上升到有感情诵读），层层深入，引领学生在读中感受、思考、品味、理解，实现情感体验和精神浸润，最终实现"一课一习"性的教学目标。

2. 一致的主题内容

由于长征年代的久远和学生生活体验的不足，红军长征中所经历的困难，对于他们来说是一个理解上的难点。如何引领学生突破这一难点？本节课的教学，就紧扣"红军在长征过程中经历了哪些困难？红军战士是怎样看待这些困难的？"这两个问题进行，引领学生在朗读中体验"哪些困难与怎样看待"，在默读中找出"哪些困难与怎样看待"，在精读中品味"哪些困难与怎样看待"，最终实现对红军长征过程中困难的深刻认知，以及对红军战士看待困难的态度所体现出的长征精神的深入理解，有效地解决了学习难点。

3. 主打习性与主题内容互相作用

以上两方面的教学互相作用，共同推进良好朗读习性的培养，充分调动了学生的学习兴趣，促进了学生对主题内容的理解和领悟；学生对主题内容的理解和领悟，进一步丰富了学生的朗读情感，促进学生良好朗读习性的养成。两者相辅相成，帮助学生实现习性的养成和学习效果的提升。

（二）反思不足

1. 环节的主体性不强

教学设计中，对"红军在长征过程中经历了哪些困难？红军战士是怎样看待这些困难的？"主题内容的理解重复进行了两次，第一次让学生在默读静思中去找关键词，第二次让学生在精读细品中去理解朗读。而这两次的设计并不是螺旋上升、层层递进的关系，而是平行层次、相互促进的，所以分两个环节设置反而显得重复低效。而如果将两者整合，放在一个环节里进行，首先让学生在默读静思中直接聚焦相关诗句，一边找关键词理解"红军在长征过程中经历的困难、红军战士的态度"，一边结合注释体悟情感理解朗读；然后由教师引导学生在汇报展示中精读细品，这样就能避免教学内容的重复设置，提高教学环节的主体性，也将提升课堂教学的有效性。

2. 学生的自主性不够

《语文课程标准》指出："学生是学习和发展的主体。语文课程必须根据学生身心发展和语文学习的特点，关注学生的个体差异和不同的学习需求，爱护学生的好奇心、求知欲，充分激发学生的主动意识和进取精神，倡导自主、合作、探究的学习方式。教学内容的确定，教学方法的选择，评价方式的设计，都应有助于这种学习方式的形成。"

这节课教师掌控比较多，教师抛出预设好的问题，安排好学习的进程，看似课堂流畅自如、行云流水，但是对学生自主学习习性的培养引领性不够，教学引导只是停留在如传统课堂一般的学生按照提示回答问题阶段，没有体现出学生质疑、合作、交流的自主学习的习性课堂理念。所以，在这个环节的教学设计中可以补充学生质疑、小组合作等环节，充分提升学生的自主学习能力。

展开想象的翅膀

——"小猪变形记"教学案例

中山小学语文科组　张琰哲

【背景分析】

（一）教材分析

《小猪变形记》是英国画家本·科特创作的一本绘本。它讲述的是一只百无聊赖的小猪采用各种办法模仿、体验别的动物的生活，想要从中获得乐趣，但最后都以失败而告终，直到受到另一只猪的启发，才找到了真正属于猪的快乐。绘本运用一种奇妙的方式，为我们展示了一只小猪"认识他人、认识自我、理解做自己最快乐"的思想历程，使学生们认识自我，不盲目地模仿别人，认识自己的优点，快乐幸福地生活。

（二）学情分析

二年级学生喜欢新奇的东西，而《小猪变形记》这一绘本拥有色彩明丽的外观以及奇妙有趣的内容，能够满足学生们的好奇心，吸引他们的注意力。同时二年级学生有一定的语言基础和观察能力，并且思维活跃，求知欲强，对读故事积极性高。但他们的生活经验毕竟有限，故事里蕴含的深刻道理还需要教师借助图片帮助他们理解，以引导学生认识自我、发现自我，进一步理解做自己最快乐的道理。

（三）教学方式与手段

1. 直观演示法

二年级学生的思维具有明显的具体形象的特点，在教学中利用多媒体展示图画，结合绘本声情并茂地讲故事，这样可直接刺激学生的视听感官，使整个教学活动生动活泼，激发学生主动阅读的兴趣。

2. 情境教学法

为了帮助学生加深对作品的理解，我利用PPT和语言描述，创设情境，使学生走进故事。

3. 体验法

只有亲身体验才能印象深刻，整个过程中我运用角色扮演等活动让学生感同身受。

4. 交流讨论法

我运用提问、引导、想象、讨论、结合生活实际等多种阅读方法展示阅读成果。在展示过程中教师给予引导点评和鼓励。

【教学目标】

根据教学内容和习性课堂理念及模式要求，我将教学目标定为：

（1）通过听、说、读、演、猜等策略，读图《小猪变形记》，边读图，边创编故事，完成角色自居。

（2）通过观察绘本细节、加以想象、阅读绘本、扮演不同动物角色进行对话等策略，培养学生口语表达能力，运用猜测故事情节等方法培养学生善于想象的能力，以达成习慧目标。

（3）从故事中体会各种动物的特点，感受小猪每次变形的心情，从而在经历一系列变形之后，懂得做自己才最开心，肯定自己，悦纳自己，定性而习，达成习志目标。

【教学重难点】

重点：通过观察绘本细节、加以想象、阅读绘本、扮演不同动物角色进行对话等策略，培养学生口语表达能力，运用猜测故事情节等方法培养学生善于想象的能力。

难点：从故事中体会各种动物的特点，感受小猪每次变形的心情，从而在经历一系列变形之后，懂得做自己才最开心，肯定自己，做快乐的自己。

【教学设计】

根据教学内容、教学目标、习性课堂理念及模式要求我进行了如下教学设计。

（一）习性准备

（1）根据录音想象动物的样子。

（2）根据课题提出问题。

（二）习性助学

1. 以讲代读

习文助学指导一：观察图片，合理想象，有感情地朗读。

2. 引导学生读

习文助学指导二：结合图片想象动物可能会说什么？

加上动作演一演。

（1）小猪又想到了什么好主意？

（2）看图想象，用文字的形式表达小猪是怎么变斑马的。

（3）它遇到了大象，想一想它会怎样对大象炫耀？大象又会说什么呢？

3. 自主创编故事，交流展示

习文助学指导三（2分钟）：

聚焦一个场景的相关诗句，理清脉络，合理想象，编写对话。

小猪会怎么变呢？它后面又遇上了什么动物？

PPT：小猪马上想到了一个好主意。＿＿＿＿＿＿。"＿＿＿＿＿＿！"小猪跟＿＿＿＿＿＿打招呼，"＿＿＿＿＿＿。""＿＿＿＿＿＿！"＿＿＿＿＿＿大笑着说，"＿＿＿＿＿＿。"小猪正想争辩，突然——

4. 以读代讲，表演故事

（1）回归原文，规范语言。

（2）选择自己喜欢的一个变身故事读一读，试着演一演。

（3）小组展示。

（三）多维习得

（1）采访：小猪获得快乐了吗？

（2）学以致用，给小猪出主意。

【情境描述】

（一）以讲代读

师：小猪为什么要变形的原因就藏在第一张图里。我们一起来观察图片，你看到了一只什么样的小猪？

生1：脏脏的小猪。

生2：懒惰的小猪

师：看看这只小猪，你觉得它的心情如何？（手指嘴角。）

生未观察到小猪嘴角下撇。

师：想一想，一个人在家里面很长时间感觉怎么样？

生：很郁闷。

师：请你用郁闷的语气读一读这句话。

生读。

师：你读出了郁闷的感觉，但是有点不太连贯，谁还想读一读。

指名读。

师：是呀小猪可郁闷了，于是他走出来门。瞧，他一出门就遇上了——

生齐声回答：长颈鹿。

师：猜猜它现在心里在想什么？

生：它想变成一只长颈鹿。

师：你是从哪里看出来的？

生：它看着长颈鹿吃树叶，感觉很想吃。

师：是呀，所以它想变成一只长颈鹿。请你来读读这句话。

生有感情地朗读。

师：这个好主意是——

生齐答：变长颈鹿。

师：那它是怎么变的呢？

生：踩高跷。

师：你能详细说一说吗？

生：找到一双很长的高跷。

师：看来这是一只很善于寻找的小猪。那还有没有人有其他的想法？如果你是那只小猪，你会怎么去变成长颈鹿呢？

生：自己做高跷。

师：那你会怎么做高跷？

生：找两根木棍和绳子，把它们绑起来。

师：真棒。在你们的帮助下，小猪变成了一只——

生齐答：长颈鹿。

师：长颈鹿踩着高跷咚咚咚地出门了。瞧，一出门它遇到了一只——

生齐答：斑马。

师：想一想这时候小猪是什么心情？

生：它想变成一匹斑马。

师：它才刚变成一只长颈鹿，再想想。刚刚你看到一只很高的动物，你很羡慕，现在你比其他动物高了，你会想什么？

生：斑马，我现在比你高了。

师：请你高兴地读一读这句话。

生有感情地朗读。

师：读得很流利，但是还缺一点高兴的感觉。它刚才是看见比自己高很多的长颈鹿，它特别羡慕。现在，它看到比自己矮很多的动物，它会怎么说？

生有感情地读。

师：读得越来越好了，还有没有人想来试一试？

生有感情地朗读。

师：读得可真好，我们来跟着他读一读。

生有感情地齐读。

师：斑马这时候大笑说道，"哈哈哈。你不是长颈鹿，你是一只踩着高跷，摇摇晃晃的小猪，你最好小心点"。你们想试一试吗？

生：想。

师：现在请女生站起来，面向男生。女生当长颈鹿，男生当斑马。

生配合读。

师：现在请女生坐下，大家一起来当小猪，张老师当斑马，你们向张老师炫耀一下。

师生配合读。

师：可以告诉我为什么斑马要提醒小猪小心点吗？

生1：有可能会摔下来。

生2：有可能会摔倒。

师：你们可真会从图片中提取信息。小猪没听到斑马的劝告，气呼呼地走开，但是没多久——

生有感情地齐读。

师：从那么高的地方摔下来，一定很痛，一起读——

生：砰——

师：是啊，小猪摔了下来，四脚朝天，重重地摔在地上，这得多疼呀。江博睿已经感受到了小猪的痛。请你来读一读小猪的话。

生有感情地朗读。

（二）自主创编故事，交流展示

师：还没走出两步，它又想到了一个好主意。这个好主意是什么？

生：变成斑马。

师：看来大家都会编故事了。请小组同学合作讨论，小猪后面又会遇上哪些动物？会分别说些什么？做些什么？小组讨论，开始。

生小组讨论编故事。

小组分享。

（三）以读代讲，表演故事

（1）回归原文，规范语言。

（2）选择自己喜欢的一个变身故事读一读，试着演一演。

（3）小组展示。

【评析反思】

整个习性助学环节围绕一个主打习性（"想象"习性的培养），紧扣一个主题内容（小猪变成了什么？后面发生了什么事情？），教师激情高昂，学生专注投入，共同经历着一次精神上的体验，教学效果较好。

1. 亮点评析

（1）《义务教育语文课程标准（2011年版）》中阶段目标指出"喜欢阅读，感受阅读的乐趣"。这节课，从主题的选择上看是生命主题中占位比较高的命题，也是很严肃的命题——做优质的自己。因此，在绘本阅读过程中通过听、说、读、演、猜等策略，与学生共读《小猪变形记》这本绘本，边读图，边想象，边创编故事，完成角色自居。

（2）通过阅读绘本、描述图画内容、扮演不同动物角色进行对话等策略，培养学生口语表达能力，运用猜测故事情节和帮小猪出主意如何变形等方法培养学生善于想象的能力。

2. 反思不足

叶澜老师在评价一堂课的五标准中曾提出："课不能十全十美，十全十美的课作假的可能性很大。只要是真实的就是有缺憾的，有缺憾是真实的一个指标。"因此，结合听课教师点评，我反思本节课的"缺憾"如下：

（1）在阅读方式上，首先应该让学生触碰到文字，打开纸质书本进行自主阅读。因此，在评课环节，陈校长提出最好使用纸质的绘本，以增加感官综合体验的冲击力的建议。他特别强调纸质版阅读的重要性，充分理解绘本中图与文相辅相成的作用，要认识到字是对画面不能实现与抵达的那个点的补充与提升，在课程设计时要充分利用图文结合的方式，抵达学生内心深处，让其形成自我确认，在培养精神价值观的同时要符合人本身生命的价值观。

（2）应该重视板书的意义。即使是主题阅读课，也应该有积累性，让学生真正有能够沉淀的东西，让板书真正成为学生在课堂上看得见的东西，成为能够留下的关键能力、能够养成的必备品格。

（3）随着学生年龄的增长，认知自我、悦纳自我需要一个螺旋式上升的历程，不只是一本绘本就能解决问题的。因此，关于成长主题的绘本课应该是有一定体系的，不是短期行为，那些宣称几节课便能了解绘本、给孩子终身影响的说法，是需要警惕的。路漫漫其修远兮，如何遵循学生的生命轨迹和身心发展规律，层层递进地影响他们的生命，唤醒他们的生命潜能，是教育者们应该沉淀、反思的事情。

抓住特点，学会观察

——"搭船的鸟"教学案例

中山小学语文科组　张玉明

【背景分析】

本节课是在我校陈校长所主持的"习性课堂模式构建"课题研究背景下的一次课堂实践活动。习性课堂模式分为三个板块：习性准备、习性助学、多维习得。习性课堂模式是以培养学生养成良好的学习习性，掌握有效的学习方法，让良好的学习习性助力有效学习，从而提高课堂效率为目标的课堂模式。

我所执教的《搭船的鸟》一课是部编本三年级第五单元的第一篇精读文章，本单元是本套教材中第一次出现的习作单元，精读课文主要注重引导学生体会表达上的特点，学习习作方法。

《搭船的鸟》这篇课文以儿童的口吻，描写了"我"在去乡下的路上观察并认识翠鸟的过程。文中的"我"观察很细致，坐在船舱里，"我"听到雨点打在船篷上"沙啦、沙啦"的声音；翠鸟出现后，"我"看到了它美丽的外貌；接着，"我"又看到了翠鸟捕鱼时一系列敏捷的动作。

基于课题研究背景及本课的教学特点及单元重点，我设计了以下教学目标：

（1）认识"父、鹦"等4个生字，会写"翠、搭"等13个字。

（2）通过正确、流利地朗读课文，体会作者是怎样留心观察翠鸟的外形特点，感受翠鸟的美丽。

（3）学习作者抓住事物特点进行观察、描写的方法。

其中，把"学习作者抓住事物特点进行观察、描写的方法"作为本节课的习性目标。

【情境描述】

（一）习性准备

端正坐好，秩序井然，精神饱满，整齐诵读单元导读：

生活中不缺少美，只是缺少发现美的眼睛。

——［法国］罗丹

设计意图：本单元主题为"留心观察"。学生留心观察，目的是积累生活素材，有内容可写，不断提高写作能力。在习性准备环节让学生诵读法国艺术家罗丹的名言，旨在说明留心观察的重要性，激发学生的学习兴趣。

（二）习性助学

1. 初步感受观察

（1）看图片导入新课。

播放4张小动物的图片，让学生观察，从而引出课题"搭船的鸟"。

（2）齐读课题，理解"搭"的意思。

2. 检查预习，观察生字

（1）认读字词。

搭船 母亲 船舱 船夫 雨点

羽毛 翠绿 翠鸟 捕鱼 用力

（2）指导书写：翠。

（3）指名分段读课文。

第一段："我"观察了雨天船上的场景。

第二、三、四段："我"观察了翠鸟的外貌，以及翠鸟捕鱼的样子。

设计意图：指名分段读课文是为了让孩子们对课文有个整体的把握，了解"我"观察了哪些事物和场景。

3. 对比阅读，学习观察方法

（1）读课文，找出描写翠鸟外形的句子，说说作者是抓住翠鸟的哪些特点来描写的？

它的羽毛是翠绿的，翅膀带着一些蓝色，比鹦鹉还漂亮。它还有一张红色的长嘴。

（2）学生交流后老师小结：抓住特点，观察细致。

（3）出示《翠鸟》片段：

翠鸟喜欢停在水边的苇秆上，一双红色的小爪子紧紧地抓住苇秆。它的颜色非常鲜艳。头上的羽毛像橄榄色的头巾，绣满了翠绿色的花纹。背上的羽毛像浅绿色的外衣。腹部的羽毛像赤褐色的衬衫。它小巧玲珑，一双透亮灵活的眼睛下面，长着一双又尖又长的嘴。

——选自《翠鸟》

（4）点名读，作者通过观察，描写翠鸟外形的哪些方面？各部分有什么特点？

（5）学生交流后师小结：描写小动物的外形，可以只抓住颜色特点来写，也可以抓住几个方面，写得更详细、更具体。

4. 学会观察，学以致用

（1）观察大公鸡，小组合作说一说大公鸡的外形。

（2）动笔写一写。

5. 延伸阅读，拓展观察方法

（1）如果一个小动物只有一种颜色，我们要写它的外形，那该怎么办呢？

（2）出示《松鼠》片段：

松鼠面容清秀，眼睛闪闪发光，身体矫（jiǎo）健，四肢轻快。玲珑（lóng）的小面孔，衬上一条帽缨（yīng）形的美丽尾巴，显得格外漂亮。尾巴老是翘起来，一直翘到头上，自己就躲在尾巴底下歇凉。它们常常直竖着身子坐着，像人们用手一样，用前爪往嘴里送东西吃。

——选自《松鼠》

（3）生交流后师小结：如果一个小动物只有一种颜色，我们要写它的外形，可以写它的眼睛、身体、四肢、尾巴等具有特点的地方。

设计意图：习性助学环节是习性课堂模式的关键环节，在此环节，我把"体会作者是怎样留心观察的"作为本环节的主线，通过对比阅读，让学生掌握观察的方法，掌握方法后并学以致用，出示大公鸡的图片，让学生先观察，然后再写一写。这样不仅引导学生体会了文章表达上的特点，学习了习作方法，还试着用学到的方法练一练，为单元习作练习做了一定的准备。

（三）习得梳理

通过今天的学习，我们学会了观察要细致，描写小动物的外形还要抓住它的特点。翠鸟不仅外表漂亮，而且还有一项特殊本领，下一节课我们接着学习。

今天回家用课堂上学过的方法写写你喜欢的一种小动物的外形吧！

设计意图：通过本节课的学习，学生习得了一定的观察方法，习得梳理环节对整节课的重点知识进行了回顾，并要求回家用习得的方法写一写，这是对习得的方法的又一次巩固，相信通过这样一个"习得—巩固"环节，本节课的"抓住特点，细致观察"的习性目标也会落实得更扎实些。

【板书设计】

搭船的鸟

抓住特点

细致观察

【评析反思】

（一）亮点评析

1. 习性主线明显，习性目标得到了落实

本节课围绕"抓住特点，细致观察"这一条习性主线展开教学，教学思路非常清晰，通过对比阅读引导学生学会观察的方法。为了发散学生的思维，最后出示拓展阅读《松鼠》的片段，并提问："今天我们学了抓住颜色特点描写小动物的外貌，如果我们观察到的小动物只有一种颜色，怎么办？"学生热情空前高涨，说得非常热闹，有的说可以描写动作，有的说可以描写眼睛……通过本节课层层递进的引导和学习，学生习得了一定的观察方法，习性目标得到了很好的落实。

2. 活学活用，一课一得

学生掌握一定的观察方法后，学以致用，观察教师出示的大公鸡图片，并通过小组合作，先说一说，然后再写一写。这一环节为单元习作做了一个很好的准备。习性课堂模式让课堂效率得到了充分的提高，真正体现了一课一得，教师教得开心，学生学得受用。

（二）反思不足

这是我第一次尝试用习性课堂模式来上公开课，还有很多不成熟的地方有待思考和改进。

1. 教学问题的设计需更准确、更有针对性

为了让学生习得观察方法，我找来了人教版三年级下册第五课《翠鸟》的第一段，与文章中描写翠鸟外形的片段进行对比阅读。在对比阅读学会观察方法的过程中，由于课文中的描写比较简单，《翠鸟》选段中的描写更加细致入微，我在引导学生的时候问了一个问题：你更喜欢哪只翠鸟？结果所有的孩子都说更喜欢第二只。其实这里是没有什么可比性的，两篇文章各有不同的优点。如果换个提问的方式，可能会更好。这也提醒我，在以后的教学过程当中，在设计问题的时候还要更准确、更有针对性。

2. 习性目标应落实在课堂的每一个环节里

在图片导入新课的环节先强调让学生观察，再说一说。在指导书写的过程中也可以跟孩子强调先观察……如果把细致观察落实到这节课的每一个环节、每一个细节里，那么本课的习性主线会更清晰些！

【结语】

通过这次公开课，我对习性课堂教学模式有了更深刻的体会、更清晰的认识。一次公开课的完成并不意味着结束，相反，它带给我更多的思考，如何将习性课堂模式贯穿到今后的常规课堂中？习性课堂如何体现"习性"特点？如何去落实这些习性？我想这些都是这节课带给我的思考，我也将带着这些思考在日常教学中去实践、反思、改进，从而让我的课堂更加具有习性特色，让课堂效率更高，让学生学得更快乐、收获更多！

第七章

7

综合科组教学案例

探索习性课堂教学，提高科学核心素养

——"下沉的物体会受到水的浮力吗"教学案例

中山小学综合科组　赖林生

【背景分析】

　　学生对浮在水面上的物体受到水的浮力，比较容易理解，对沉入水中的物体是否受到水的浮力，没有把握。但是，学生会有一些生活经验，如游泳时感觉到自己的身体会被水托起来，在水井中打水时，会感觉到装满水的水桶在未离开水面时要比提出水面轻许多。这些经验提醒学生，下沉的物体在水中也会受到水的浮力的影响。

　　本课引导学生继续探索浮力与物体沉浮之间的关系。教科书提出了要学生自己设计实验验证猜想，在思维的发展和能力的要求上更进了一步。同时，通过测量下沉的物体受到的浮力大小，引导学生发现，下沉的物体受到的浮力大小与浸入水中的体积有关，这与前一节课的内容联系起来，可以形成完整的概念：物体在水中受到的浮力大小，与物体浸入水中的体积（排开的水量）有关，浸入水中的体积越大，受到的浮力也就越大。

【教学过程】

（一）习性准备：以课前朗读形式明确实验要求

端正坐姿，书本和实验材料摆放整齐，精神饱满，齐读科学顺口溜：

　　　　科学学习，很重要；实验过程，第一要！

　　　　小组成员，分配巧；各个环节，配合好！

　　　　你动手来，我动脑；你记录来，我思考！

　　　　认真实验，不能吵；影响别人，可不好！

小组合作，不可少；多少问题，齐心讨！

注意倾听，又一要；他人经验，很需要！

科学实验，真奇妙；长了知识，心灵巧！

科学知识，装满脑；走到哪儿，都骄傲！

设计意图：习性准备意在调动学生情绪、兴趣、注意力等非智力因素。通过齐读科学顺口溜，营造一个良好的学习氛围，明确实验要求，提高科学素养。

（二）习性助学

1. 探究下沉的物体是否受到水的浮力

师：（演示把泡沫塑料块、橡胶塞和铁块依次放入水中，学生观察实验现象。）在上一课的学习中，我们知道泡沫塑料块之所以能够浮在水面上，是因为受到了水的浮力。那么，像橡胶塞、铁块这些在水中下沉的物体，会受到水的浮力吗？（板书课题。）

学生猜测并结合生活经验说明理由。

师：这里有两个相同的橡胶塞，在同一高度分别落到水中和空气中，对比它们落下的速度，你发现了什么？你有什么感受？（师演示。）

生：它们下落的速度不一样，在水中下落的橡胶塞比较慢，我感觉下沉的物体会受到水的浮力。

师：感觉是不太准确的，我们能否设计一个实验来验证自己的推测呢？小组根据已有的实验材料，讨论设计实验方法。

交流学生的实验设计，并按照计划验证，分析实验数据，汇报结果。（师板书：下沉的物体会受到水的浮力。）

2. 测量下沉的物体受到的浮力大小

师：在刚才的实验过程中，橡胶塞从刚浸入水中时到完全浸入水中时，弹簧测力计上的读数有什么变化？这说明什么？

生：刚浸入水中时测力计上的读数大，完全浸入水中后，读数会变小，说明物体在水中下沉时，浮力大小在变化。

师：既然下沉的物体在水中受到的浮力会变化，那么浮力的大小与什么因素有关呢？是不是跟上浮的物体受到浮力大小的原因差不多呢？

学生进行实验测量大小不同的橡胶塞受到的浮力，完成记录表，分析实验数据，交流并得出结论。[师板书：物体浸入水中的体积越大（排开的水量），受到的浮力就越大。]

3. 用浮力和重力的关系解释沉浮现象

师：泡沫塑料块浮在水面是因为受到了水的浮力，为什么下沉的物体受到了水的浮力，依然下沉呢？我们能画出它们在水中的受力示意图吗？并用浮力和重力的关系解释它们在水中沉浮的原因。

学生画示意图并总结：当浮力＞重力时，物体上浮；浮力＜重力时，物体下沉；浮力=重力时，物体漂浮或悬浮。

设计意图：习性助学为本节课的关键环节，引导学生经历了一次典型的"观察发现—提出问题—做出推测—实验验证—得出结论"的科学探究过程，形成相应的学习习性，培养良好的科学素养。让学生能够不断地寻找证据或数据来支持自己的猜想，学会观察记录，学会分析整理，学会概括总结。

（三）多维习得

利用本节课知识解释：

（1）在生活中，我们会遇到这样的情况：从井中打水时，同样是盛满水的桶，离开水面后要比在水中感觉重得多，这是什么原因呢？

（2）曹冲称象的故事。

设计意图：通过本节课的学习，让学生将所学的知识运用到实际生活中，促进学生的思维发展，巩固掌握知识与技巧，进一步提高学生学习科学的兴趣和运用科学知识解释生活现象的能力，使学生从中体会到掌握科学知识的成就感。

【板书设计】

下沉的物体会受到水的浮力吗

一、下沉的物体会受到水的浮力

二、物体浸入水中的体积（排开的水量）越大，受到的浮力就越大。

三、浮力＞重力，上浮

　　浮力＜重力，下沉

【问题与反思】

在本节课中由于"浮力"是一个抽象的概念，而五年级学生的抽象思维仍需要直观形象的支撑，所以我提供了足够的实验材料并结合生活中的现象，逐步帮助学生在实验探究过程中，把现象、数据转化为证据，利用数据得出相应的实验结论。但是在教学过程中，存在一些问题及困惑。例如，关于弹簧测力计的使用，大部分学生已经忘记了，总会出现忘记"调零"等现象，于是在上课前，我特地复习了一遍弹簧测力计的使用，这样就避免了学生得到错误数据，从而得出错误结论的问题。另外学生在实验时，容易忽略观察物体在水中下沉时排开的水量的变化这一过程，所以在引导学生探究"下沉的物体受到的浮力大小与什么因素有关"时比较棘手，浪费了过多的时间。在以后的教学中，需要不断地细化实验要求，让学生形成严谨的探究精神。最后，在科学课堂中，如何体现习性特点？我们该如何去落实？这都是我们一直要思考的问题，学生实验时如何保证习性良好？不争不抢，不大声喧哗，能够自主探索，合作交流，善于发现问题，敢于质疑，勇于发言等良好的习性，都是我们科学课堂所追求的。这样才能达到我们预期的教学效果，形成科学习性课堂特色，让学生懂科学、用科学、爱科学。相信我们勤于总结，不断探索和完善，中山学子们在日后学习之路上必定会如虎添翼！

内涵决定外延，内在习性决定学生持续成长

——"编辑景点的图文资料"教学案例

中山小学综合科组　杨　帆

【背景分析】

为推动习性课堂模式，我校在本学期举办了青年教师习性课堂竞赛活动。信息技术的课堂主要以"初步探究—深入探究—拓展探究"的探究模式为主线，引导学生一步步地探究学习。在课堂上培养学生良好的学习习性，掌握有效学习的方法，通过引导学生在上课的过程中感受信息技术的魅力，培养学生对信息化的兴趣，提高学生触类旁通的能力，促进良好学习习性的形成。

"编辑景点的图文资料"这节课，在学生已经掌握了如何插入图片、如何输入主题文字的基础上，让学生学会利用前几节课已经收集到的图文资料，用已经掌握的技能和这节课要掌握的技能做一个图文并茂的PPT，并向同学们介绍自己做的景点及制作过程。

基于课题研究背景及本课的特点，我在教学设计时将以下三点作为教学目标：①通过培养学生的信息处理能力，鼓励创作个人风格的作品，达到习慧目标；②通过引导学生在幻灯片制作过程中感受到信息技术的魅力，培养学生对信息化的兴趣，提高学生触类旁通的能力；③通过教师对作品的解读，达到习志的目标。

【教学过程】

（一）习性准备：以诵读调整学习情绪

端正坐好，秩序井然，精神饱满，整齐诵读《电脑歌》：

鼠标点点，点过岁岁今朝；

键盘敲敲，敲出智慧悄悄；

银屏闪闪，闪出奇思妙想；

电脑转转，转出骐骥天高。

设计意图：习性准备意在调动学生情绪、兴趣、注意力等非智力因素。由于信息课的性质，学生们的情绪过于兴奋，开启电脑的同时通过诵读《电脑歌》，让学生情绪逐渐平稳，坐姿端正，同时激起求知欲，激发学习兴趣，为接下来的学习打下情感基础。

（二）习性助学：重探究促能力

师：（播放示范PPT。）同学们，你们觉得这个PPT怎么样？你们喜欢吗？想不想自己也做出如此炫的PPT？不用着急，只要你们跟着老师认真地学完这个学期的内容，你们自己也能做出这样的PPT。但是万丈高楼平地起，我们需要从最基础的知识学起，今天我们就先来学习如何制作图文并茂的幻灯片，也就是第十课"编辑景点的图文资料"。

设计意图：示范的PPT，是用简单的方法做出来的很震撼、炫酷的PPT，通过此PPT引起学生的兴趣。

1. 初步探究

师：我们先来分析一下老师刚刚展示的PPT中关于景点的幻灯片，同学们，你们仔细观察这些PPT，你能分析出它们都运用了哪些编辑技巧吗？

生：①插入了图片、艺术字；②设置了漂亮的背景；③运用了文本框输入文字，并对文字进行了修饰；④插入自选图形，并对图形进行了编辑。

师：我们前几节课已经学过了哪些编辑技巧呢？

生：①插入图片；②运用文本框输入文字。

师：我们这节课也要做一个这样的图文并茂的PPT，那我们这节课需要掌握哪些技巧呢？

生：①设置背景；②编辑文字资料；③设置艺术化标题。

师：那么我们要做出这么漂亮的PPT，你们觉得做的步骤是怎么样的呢？

生：①设置幻灯片的背景；②编辑文字资料；③对插入的图片进行美化。

设计意图：通过作品欣赏和教师的引导，激发学生的学习兴趣。回顾已有知识，让学生学会观察和分析，了解到本节课要掌握的技能。

2. 深入探究

师：同学们，我们这节课要掌握的技巧有没有似曾相识的感觉？那是因为我们在学Word的时候已经学过了这些技巧，所以接下来，请同学们制作自己的图文并茂的PPT，要求：

（1）根据书上的方法设置背景、编辑文字、设计标题。

（2）PPT里要包含标题、图片和文字介绍。

（3）小组合作，互相帮助。

（学生制作PPT。）

师：同学们，你们在做的过程中，有没有什么问题是你们小组都没有办法解决的？

（学生提出问题，会做的学生来回答问题，如果没有学生会，教师来解答问题。）

设计意图：该部分设计为整堂课程的核心，即让学生们自己在实践中发现问题、解决问题，初步掌握图文并茂的PPT的编辑方法，培养学生的信息处理能力。

3. 拓展探究

师：现在同学们利用剩余的时间对自己的PPT进行优化，要求——

（1）布置自己的图片和文字，使整个幻灯片看起来美观、大方。

（2）小组成员之间互提意见并选出本组最好的作品。

设计意图：鼓励创作具有个人风格的作品并引导学生在幻灯片制作过程中感受到信息技术的魅力，培养学生对信息化的兴趣，提高学生触类旁通的能力。

（三）多维习得

师：同学们，老师看你们的作品已经做得差不多了，下面请每一组同学推荐你们认为是你们组最优秀的作品，我们展示出来，请同学们欣赏。

（展示小组推荐的优秀作品，征求学生们的建议。）

师：同学们在这么短的时间里，做出来的作品都很优秀，如果对自己的作品不够满意，我们可以把作品发到自己的邮箱，回家后继续优化自己的作品。

师：凯文·凯利曾经说过，中国人的互联网建设和应用，正走在全世界的前列。同学们，你们未来任重而道远，老师教给你们的永远不是技能和技巧，老师更希望教给你们的是方式、方法、学习力和拥有一颗爱国的心。

设计意图：通过展示和评价他人作品，让学生们对制作PPT有更深的理解，同时通过老师对作品的评价唤起学生们热爱祖国的心，在课上对社会主义核心价值观进行渗透，并通过本节课达成习志的目标。

【板书设计】

编辑景点的图文资料

学过的　　　　　　没学过的

图片　文字　　背景　艺术字　形状

【问题与反思】

本节课教学思路清晰，通过"初步探究—深入探究—拓展探究"的探究模式，引导学生在教师的引导下，以已经掌握的技能为基础，自学本节课需要的技能，通过自学、小组成员互帮互助的方式，创作自己的作品。课堂关注学生的创新能力，让学生在课堂的有限时间内创作出自己的作品，对PPT的制作提起了很大的兴趣，达到了习慧的目标。但是，在上课的过程中也存在一些问题：上课时要求不够具体，没有特别强调要先自己制作并思考，不会的再去问同学，有的学生遇到问题不自己思考，就立刻问同学或问老师，没有自己先进行思考；在知识的迁移中，教师的引导过少，以至于有的问题还是有部分学生不会做。

如何在信息课堂体现"习性"特点？习性课堂的显性习惯体现得比较明显，如习性歌、书本摆放，在课堂中遇到不会的问题，举起右手，已经做完的学生要在电脑上举起软件中的"右手"。但是隐形习惯是在长期的过程中养成的，信息课堂主要是让学生养成信息化思维的习惯，让学生养成先自己思考的习惯是需要一个长期的、潜移默化的过程的。